新时期城市管理执法人员培训教材

城市治理背景下的
城市管理转型案例

全国市长研修学院
（住房和城乡建设部干部学院） 组织编写

中国城市出版社

图书在版编目（CIP）数据

　　城市治理背景下的城市管理转型案例/全国市长研修学院（住房和城乡建设部干部学院）组织编写. — 北京：中国城市出版社，2023.12
　　新时期城市管理执法人员培训教材
　　ISBN 978-7-5074-3666-2

　　Ⅰ.①城… Ⅱ.①全… Ⅲ.①城市管理－案例－中国－教材 Ⅳ.①F293

　　中国国家版本馆CIP数据核字（2023）第253936号

责任编辑：李　慧
版式设计：锋尚设计
责任校对：张　颖
校对整理：董　楠

新时期城市管理执法人员培训教材
城市治理背景下的城市管理转型案例
全国市长研修学院（住房和城乡建设部干部学院）　组织编写
*
中国城市出版社出版、发行（北京海淀三里河路9号）
各地新华书店、建筑书店经销
北京锋尚制版有限公司制版
建工社（河北）印刷有限公司印刷
*
开本：787毫米×1092毫米　1/16　印张：14　字数：249千字
2024年1月第一版　　2024年1月第一次印刷
定价：58.00元
ISBN 978-7-5074-3666-2
　　（904677）

版权所有　翻印必究
如有内容及印装质量问题，请联系本社读者服务中心退换
电话：（010）58337283　QQ：2885381756
（地址：北京海淀三里河路9号中国建筑工业出版社604室　邮政编码：100037）

本书编委会

主　　编：郝　力

副 主 编：高　萍　黄燕昕

编写组成员：陈建伟　吴江寿　庞艳平　刘贤明

卢义耀　徐　蔚　何福平　谢心伟

孙莉莉　张新萌　黄代华　云凤柏

刘　洋　袁星超　钟　鸣　马春莉

崔　迪　王　芳　郭廷坤　陈威奇

赵　建　宋宇震　赵贺飞　丁佳琳

前 言

城市治理现代化和数字中国数字化转型叠加到来的新时代,对城市管理体制机制变革和城市管理数字化转型升级提出新的挑战。本书期望通过北京、上海、江苏、浙江等城市治理现代化体制机制改革、数字时代实践中崛起的有效大数据广泛应用的一个个真实案例,原汁原味地给同行一个感受数字时代脉搏、体验基层治理创新的窗口,希望本书能够在这方面对同行们有所启发,有所帮助。

基层治理政策对城市管理体制、模式和空间产生了深刻的影响。2021年7月,《中共中央 国务院关于加强基层治理体系和治理能力现代化建设的意见》提出"力争用5年左右时间,建立起党组织统一领导、政府依法履责、各类组织积极协同、群众广泛参与,自治、法治、德治相结合的基层治理体系,健全常态化管理和应急管理动态衔接的基层治理机制,构建网格化管理、精细化服务、信息化支撑、开放共享的基层管理服务平台;党建引领基层治理机制全面完善,基层政权坚强有力,基层群众自治充满活力,基层公共服务精准高效,党的执政基础更加坚实,基层治理体系和治理能力现代化水平明显提高。在此基础上力争再用10年时间,基本实现基层治理体系和治理能力现代化,中国特色基层治理制度优势充分展现。"基层治理现代化体制变革的核心要义是:基层党建、城市管理、社区治理和公共服务等主责主业下沉社区,整合审批、服务、执法等方面力量,面向区域内群众开展服务。

基层治理带动城管体制变化。北京、上海、江苏、浙江省和市域治理示范城市贯彻基层治理现代化要求,进行了大体类似的市区行政资源向街道社区下沉的基层治理体制改革。基层治理体制改革对市、区、街道三级城市管理体制的主要影响,集中体现在重新确定街道办事处行政职责和确立街道办事处行政执法行政主体地位两个方面，由市区"条条"管理为主的模式转变为街道"块块"管理为主的模式。在基层治理体制改革带动下，街道社区以统筹协调多个相关机构协商、综合施策的基层治理统筹式新模式，替代传统多个部门各自为政的履职式处置旧模式。

基层治理带动城管空间变化。基层治理体制由社会公共空间管理范围进入到市民居住空间管理范围。过去基于城市公共区域空间范围所制定的市容环卫、市政公用、园林绿化、城管执法的法律法规和标准规范，在城市街道基层治理体制下的社区、楼道、住家的大尺度空间范围内，还存在相当大的拓展改进空间。在基层治理体制改革带动下，城市管理进社区、进楼道、进住宅等大尺度空间的演变和对应的精细化管理需求，必将产生与城管空间尺度和精细化管理需求相适应的制度建设的新要求。

数字时代激活数据潜能的新动力，强力驱动着城市管理数字化转型升级。2017年，习近平总书记在十九届中共中央政治局第二次集体学习时强调，要加快建设数字中国，构建以数据为关键要素的数字经济，推动实体经济和数字经济融合发展。《中华人民共和国国民经济和社会发展第十四个五年规划和2035年远景目标纲要》提出，迎接数字时代，激活数据要素潜能，推进网络强国建设，加快建设数字经济、数字社会、数字政府，以数字化转型整体驱动生产方式、生活方式和治理方式变革。数字时代的数字化转型的关键是激活数据要素潜能，目标是驱动生产方式、生活方式和治理方式变革，变革的意义是实现"数实互动"的生产、生活和治理方式，数字时代把激活数据要素潜能推向国家治理能力现代化重中之重的历史地位。

北京市在构建以人民为中心的基层治理体系过程中，创造性地构建了从市民诉求出发到市民诉求满足为止的"接诉即办"基层治理制度和工作模式。这项改革不仅在基层治理体制机制上开辟了一条以人民为中心的科学路径，同时也创造性地激活了市民诉求大数据资源潜能，为以数字化转型驱动生产方式、生活方式和治理方式变革提供了新鲜经验。在数字中国战略指引下，北京、上海、杭州、江苏、浙江等省市在基层治理现代化的实践中，创造性地激活了市民诉求大数据资源潜能，在为城市治理现代化注入动力的同时，也深刻地影响着城市管理数字化转型的进程，出现了许许多多激活市民诉求大数据潜能的城市管理数字化转型升级的真实案例。

本书由全国市长研修学院（住房和城乡建设部干部学院）组织编写，书中部分案例摘自"北京12345朝阳分中心"公众号和"中国智慧城市大会"公众号等公开媒介。在本书编写过程中，得到了多地城市管理部门、多位专家和北京数字政通科技有限公司的支持和帮助，在此一并表示衷心感谢。限于时间和水平，书中错漏之处在所难免，敬请广大读者不吝指正。

目 录

第一章 迅速推进的城市治理现代化 ……………………………………… 1
  第一节 北京以人民为中心，全力构建基层治理体系 ……………… 1
  第二节 上海坚持"人民城市"理念，探索超大城市
      现代化治理模式 ………………………………………………… 30
  第三节 昆明网格化管理融入城市治理现代化 ……………………… 52
  第四节 如皋市基层治理条件下的城管综合执法 …………………… 78
  第五节 中新天津生态城全面推行网格化服务管理体系 …………… 92
  第六节 合肥市包河区"大共治"社会治理新模式 ………………… 98
  第七节 烟台福山区创新"全域、全科"基层治理新样板 …… 107
  第八节 宜宾市翠屏区推进云端治理新模式 ………………………… 117
  第九节 天津市滨海新区"观管防"一体化社会治理模式 …… 126
  第十节 深圳市坪山区民生诉求"一网统管" ……………………… 135

第二章 数字时代的数字化转型新趋势 ……………………………………… 156
  第一节 上海市以市民感知大数据为社会赋能 ……………………… 156
  第二节 杨浦区打造热线大数据感知和智能算法平台 …………… 162
  第三节 浦东城管点线面三维布局，构建数字化立体
      街区治理体系 …………………………………………………… 171
  第四节 杭州小河街道探索有温度的基层社会数字治理模式 …… 175
  第五节 北京朝阳区基于市民投诉大数据推进基层
      治理数字化转型 ……………………………………………… 184
  第六节 杭州钱塘区数字化改革街区全域智治应用系统 ………… 194
  第七节 前沿技术助推城市治理现代化 ……………………………… 200

第一章

迅速推进的城市治理现代化

第一节　北京以人民为中心，全力构建基层治理体系

一、工作背景

2013年11月，党的十八届三中全会提出："全面深化改革的总目标是完善和发展中国特色社会主义制度，推进国家治理体系和治理能力现代化。"将推进国家治理体系和治理能力现代化作为全面深化改革的总目标。2014年2月，习近平总书记考察北京工作时指出，建设和管理好首都，是国家治理体系和治理能力现代化的重要内容。北京要立足优势、深化改革、勇于开拓，以创新的思维、扎实的举措、深入的作风，进一步做好城市发展和管理工作，在建设首善之区上不断取得新的成绩；要健全城市管理体制，提高城市管理水平，尤其要加强市政设施运行管理、交通管理、环境管理、应急管理，推进城市管理目标、方法、模式现代化。2015年12月24日，中共中央、国务院印发《关于深入推进城市执法体制改革改进城市管理工作的指导意见》（中发〔2015〕37号）指出，"构建权责明晰、服务为先、管理优化、执法规范、安全有序的城市管理体制，推动城市管理走向城市治理，促进城市运行高效有序，实现城市让生活更美好"。2017年2月，习近平总书记再次视察北京工作时，针对城市治理工作发表重要讲话指出，北京城市大，要解决的问题有很多，要探索构建超大城市治理体系，这也是国家治理体系和治理能力现代化对北京提出的要求。北京作为首都，立足城市功能定位，胸怀中华民族伟大复兴的战略全局和世界百年未有之大变局，牢牢把握发展重要战略机遇期，坚持以首善标准，加强"全国政治中心、文化中心、国际交往中心、科技创新中心"功能建设，提高"为中央党政军领导机关服务，为日益扩大的国际交往服务，为国家教育、科技、文化和卫生事业的发展服务，为市民的工

作和生活服务"水平，扎实推进京津冀协同发展战略，深度探索共建共治共享，紧紧围绕"都"的功能谋划"城"的发展，以"城"的更高水平发展服务保障"都"的功能，推动首都高质量发展。为更好地服务首都职责，城市管理逐步向城市治理转变，通过精细化管理、多元化治理、依法治理、体制机制创新等方式，推动构建与国际一流的和谐宜居之都相适应的现代化超大城市治理体系。近年来，北京市不断探索创新城市管理体制和机制，特别是2018年以来，从"党建引领的街乡吹哨、部门报到"到"闻风而动、接诉即办"和聚焦民生建立"七有""五性"监测指标体系，再到"推动主动治理、未诉先办"，采取了一系列改革措施，将以人民为中心的发展思想落实落细，不断推进基层治理体系建设向纵深发展。

二、经验做法与实践案例

（一）"树立以人民为中心的工作导向"1.0版：街乡吹哨、部门报到

2018年3月，北京市出台《关于党建引领街乡管理体制机制创新实现"街乡吹哨、部门报到"的实施方案》，制定加强党对街道乡镇工作的领导、倡导党员参与社区（村）建设、持续推进社区减负工作等14项推进举措，并明确每项举措的责任单位及完成时限，赋予街道乡镇更多自主权，破解城市基层治理"最后一公里"难题。"街乡吹哨、部门报到"的改革目的在于：加强党对街乡工作的领导、探索推进街道管理体制改革、完善基层考核评价制度、推行"街巷长"机制等，破解基层治理难题。"吹哨报到"机制的关键是向街乡"赋权"，当街乡遇到需要跨部门、跨区域解决的难题时，由街乡"吹哨"，发出集结令；相关部门"报到"，让各类城市管理力量在街乡综合下沉、力量聚合，形成权责清晰、条块联动的协调管理机制。

1. 建设背景

伴随着城市化进程的加速推进，我国城乡基层社会结构、生产方式和组织形态发生了深刻变化，城市建设管理难度加大，城市基层治理面临许多亟须解决的问题，作为10多年来人口增加了近千万的超大型城市，北京的城市治理积累了不少原有机制"看得见、管不着"的问题，难点在基层，痛点在群众身边。

2017年初，面对金海湖大金山屡禁不止的由非法盗采金矿、盗挖山体、盗取砂石等造成的严重安全事故、破坏生态环境事件，北京市平谷区为治理乱象，将执法"主导权"下放到乡镇，并赋予了乡镇领导权、指挥权和考核权，由乡镇"吹哨"，发出

召集令,各相关执法部门在30分钟内响应,集体会商,"事不完,人不走"。相关执法部门协同配合,一声"哨响"让大家拧成一股绳,有效遏制了金矿盗采行为。这就是"街乡吹哨、部门报到"的雏形。

在深入调研总结平谷区金海湖镇探索经验的基础上,北京市委市政府印发《关于党建引领街乡管理体制机制创新实现"街乡吹哨、部门报到"的实施方案》(以下简称《实施方案》),指出"坚持党建引领街乡管理体制机制创新,实现'街乡吹哨、部门报到',是充分发挥基层党组织的战斗堡垒作用,加强党组织对基层社会治理的领导,推动党建引领下的精治共治法治一体化建设,把党的领导植根于基层、植根于群众,夯实党的执政基础的重要举措"。"街乡吹哨、部门报到"模式在全市推广,平谷探索变成了北京经验。同时为了保证街乡赋权的落实,北京市委市政府着手研究制定"街道工作条例"和综合行政执法权下放。

2. 主要做法

在北京市委组织部的统筹领导下,各区积极落实"街乡吹哨、部门报到",各街乡不断摸索,坚持问题导向,聚焦重点难点,以办好群众家门口的事为目标,以推动街乡管理体制机制创新为突破口,紧紧围绕层级关系赋权、职能部门下沉、机构设置增效,着力构建基层治理的应急机制、服务群众的响应机制和打通抓落实"最后一公里"的工作机制,采取多种方式推动管理重心下移和管理资源下沉,强化条块协调联动,提高问题解决效率,努力走好新时代群众路线。

(1)"党建引领"是根本。北京市开展的"街乡吹哨、部门报到"改革探索,将党的政治优势、组织优势转化为城市治理优势。基于对推进城市治理现代化的重要性、艰巨性的充分认识,北京市委书记亲力亲为、高位推动;着眼管根本管长远,健全完善基层管理体制和运行机制;坚持以人民为中心的发展思想,把服务群众、造福群众作为出发点和落脚点;注重运用科学方式方法,重点突破、循序渐进。北京市委明确要求,加强党对街道乡镇工作的领导,提升街道乡镇党(工)委的领导力和组织力,建立健全党建工作协调委员会,形成地区事务共同参与、共同协商、共同管理的工作格局;"党建引领"将党的组织体系与基层治理体系有机融合,有效凝聚了治理合力,切实保证了基层事情基层办、基层权力给基层、基层事情有人办,促进了基层治理体系的构建,是党组织领导城市基层治理的生动实践,是破解超大型城市基层治理难题的有效路径,也是践行以人民为中心的发展思想的创新方案。

(2)明责赋权、优化职能是关键。北京市委深刻认识到,街乡是城市治理的枢纽，许多基层治理难题需要街乡去面对和解决。改革中，北京市委着力增强街乡统筹协调功能，以快速调动执法力量解决问题。一是为街乡明责，使其"吹哨"有据。全面取消街道招商引资、协税护税等职能，制定街道职责清单，明确党群工作、平安建设、城市管理、社区建设、民生保障、综合保障6大板块111项职责。其中，街道作为主体承担的职责占24%，其他均为协助、参与，使街道集中精力抓党建、抓治理、抓服务。目前，北京市委正在拟定乡镇职责清单，通过理顺和明确职责，使街乡把该吹的"哨"吹到位。二是给街乡赋权，使其"吹哨"管用。为确保各有关部门闻哨而动，北京市委重点落实街乡对辖区需多部门协同解决的综合性事项的协调权和督办权、对有关职能部门派出机构负责人任免调整奖惩的建议权；强化街乡在年度绩效考核中的话语权，规定街乡对有关职能部门及其派出机构的考核结果占被考核部门绩效权重的1/3。三是优化街乡内设机构，使其"吹哨"有力。启动街道内设机构改革试点，先行确定9个区的28个街道，按照"6办+1纪工委+1综合执法队+3中心"模式设置机构，变向上对口为向下对应，机构数量减少一半以上，职能更优化，运行更高效。

（3）不断完善街乡实体化综合执法平台。按照《关于加强街道（乡镇）实体化综合执法中心建设的实施方案（试行）》的部署，其重点是推进各类城市管理力量下沉，加强街乡统筹，推动基层治理力量聚合，完善常态化基层执法协同机制，确保基层一线、群众身边的事"有人办、马上办、能办好"。北京市城管执法局街道执法队实行"双重管理"机制，城管执法力量下沉到街道，城管执法队员编制、档案正式移交街道。公安、环卫、消防、交通、食药、工商和安监等部门常驻，住建委、卫健委、国税地税等部门挂牌。在街道层面，形成了联合综合治理执法指挥中心，各部门一同破解城市管理顽疾。按照"区属、街管、街用"的原则，在290个街乡建立实体化的综合执法中心，普遍采用"1+5+N"模式，即以1个城管执法队为主体，公安、消防、交通、工商、食药5个部门常驻1至2人，房管、规划国土、园林、文化等部门明确专人随叫随到，将人员、责任、工作机制、工作场地相对固化，让部门报到有平台、有机制、有资源，着力解决城市管理中的重点难点问题，有效提升基层治理的整体水平。

（4）积极引导街道干部到基层"报到"。推行"街巷长制"，引导街道干部到社区基层"报到"，在全市每条街巷设置"街长"或"巷长"。北京市城市管理委员会与首都精神文明建设委员会办公室联合印发《关于在全市推行街巷长制的指导意见》，建立市、区、街道（乡镇）三级负责的责任体系，市城市管理委和首都文明办牵头、区级组织、街道实施，形成一级抓一级、层层抓落实的工作格局。"街长""巷长"分别由街道处、科级干部担任，牵头组织社区层面的基层治理，及时发现、协调解决堆物堆料、乱停车、地桩地锁等群众反映强烈的环境问题。明确街巷长承担"知情、监督、处置、评价"的职责，建立"日巡、周查、月评、季点名"机制，并在大街显要、适当的地方设置"街（巷）长公示牌"，公示内容包括街（巷）长姓名、职责、联系方式等，方便市民监督，推动街巷长去现场发现、解决问题。文件还明确了督查考核办法："从每日签到、履职情况等方面每月对街巷长进行考核，考核结果作为干部年终考核和提拔使用的重要依据。每季度市级组织对各区街巷长制推进情况开展考核监督，并在全市通报。年终依据日巡、周查、月评、季点名情况，推出一批年度优秀街巷长和文明巷。"

2018年1~9月，北京全市共选派街巷长1.5万名，招募2.3万名"小巷管家"，在近5000条大街、1.4万余条小巷发挥积极作用。2019年评选出优秀街巷长276名，优秀小巷管家150名。

（5）充分调动驻区单位和社会力量共建共治。 拓宽"吹哨报到"参与范围，整合带动体制内其他单位和体制外力量。一是搭建共建平台。建立区、街乡、社区三级党建协调委员会，吸纳区域内有代表性的机关企事业单位、新型经济组织和社会组织党组织负责人参加，定期研究解决共同关心的重要事项。二是创新共建方式。建立资源、需求、项目"三个清单"，实行属地和驻区单位双向需求征集、双向提供服务、双向沟通协调、双向评价通报"四个双向"机制，越来越多的中央和市直机关、企事业单位主动打开"院门"参与治理。三是推动在职党员"报到"为群众服务。组织71.7万名市直机关和市属企事业单位在职党员到居住地或工作单位所在社区报到，参与"社区大扫除"等各类活动100多万人次，为民办实事6万多件。四是用好新兴领域治理资源。坚持把党建做进去、把资源带出来，通过政府购买服务、公益服务品牌创建等方式，发挥新型经济组织和社会组织在基层治理中的作用。这支庞大的社会力量通过公开承诺、建言献策、办实事等方式，在环境整治、教育培训、政策咨询、服务群众等方面发挥积极作用。

（6）积极发挥网格管理线上"吹哨报到"作用。 依托网格化管理平台指挥调度和在线监管功能，建立网上"吹哨报到"工作机制，通过线上实时派单、协调统筹、流程监控，增强各街镇对城市管理问题的发现、处置效能，并以此为基础建立考核评价机制。对于重大疑难问题，街乡层面协调解决不了，可通过网格市、区、街三级工作管理体系和系统平台，逐级上报到区级平台、市级平台进行协调处置和督办，形成市、区、街三级无缝衔接的"吹哨报到"机制，使跨区、跨部门的重大疑难问题妥善解决。作为首都环境建设管理统筹机构，首都环境建设管理委员会还依托网格平台将各区"街乡吹哨、部门报到"工作落实情况纳入首都环境建设管理考核评价中。

3. 典型案例

（1）北京昌平"回天社区"猛药去沉疴。北京市昌平区回龙观天通苑社区位于城乡接合部，是一个常住人口有83.6万人的超大型社区。由于初期规划不完善，道路等基础设施建设滞后、公共服务欠缺、社会治理难题多，居民群众盼望加强治理的诉求非常强烈。昌平区选取该地区为"街乡吹哨、部门报到"试点，实施党建引领街乡体制机制创新，多方协同联动，将社区的"独角戏"变成了"联合汇演"，构建党建引领基层治理新格局，困扰"回天社区"多年的诸多治理难题迎刃而解。

一是党建引领五方共建、解决问题零距离。以社区党组织为核心，社区党支部、居委会、业委会、物业以及社会组织共建共治共享，实现党建资源共享、社区服务共谋、中心工作共推、文化活动共搞、实事好事共办。依托"五方共建"机制，加强社区党组织对业主委员会、物业等工作的领导，定期组织社区两委、居民代表、业委会委员、物业代表及底商代表共同找准群众关心的热点、难点问题；及时掌握群众诉求，社区划分为10个网格，设立56个单元楼门长，入户摸排百姓诉求、安全隐患、矛盾冲突等问题。比如，针对摸排出的门禁老化问题，社区党支部召集其余"四方"协商对策，将停车位租赁费、广告租赁费等公共收益用于购置新的门禁系统，使这一问题顺利解决。

二是吹响哨、吹好哨，长效机制破解地下群租顽疾。天通苑社区居住着大量年轻人，一些"黑中介、二房东"为了牟利，把房间打成隔断群租，人员复杂，私接水电，安全隐患极大。天通苑北街道通过"街乡吹哨、部门报到"，首先吹响"共治集结哨"，多方动员造声势。街道工委把产权单位、物业公司纳入街道党建工作协调委员，采用约谈、司法程序等方式，组织产权单位、物业公司开展自查自清。同时，广泛动员机关社区干部、报到党员、楼门长、物业管理员、居民参与到群租房摸排劝导工作中来，建立了工作台账，耐心劝退居住人员。接着吹响"重点整治哨"，切断群租利益链。街道工委通过"吹哨报到"工作机制，强化统筹调度，职能部门在一线办公。住建委负责严格控制地下空间使用，禁止出租居住；公安分局和综治办负责严厉打击"黑中介、二房东"，斩断利益链；消防支队负责地下群租消防安全整治；安监局负责地下群租安全生产综合监督管理,通过综合联动执法,消除了安全隐患。

三是多部门响应"哨",令汽车"坟场"焕新颜。天通东苑一区停车场,因周边小区长期堆放废旧汽车,日积月累,形成了"汽车坟场",不仅影响环境、占用公共空间,还可能引起火灾等安全问题。2018年3月,天通苑南街道成为"街乡吹哨、部门报到"试点地区,依托这一机制,街道"哨"起,交管、城管、司法、物业公司一齐响应"哨"令,召开专题研讨会议,明确了职责分工处置流程。物业公司对停车场内所有车辆依次进行编号,将台账信息报送给交管部门;交管部门依据车牌号、车架号、发动机号等信息寻找车主联系告知,并确定车辆是否到达强制报废年限;对于交管部门无法查实的车辆,由司法部门按照法律法规拟定声明,并由物业公司按照司法部门指导进行登报声明,逾期未认领的,视为无主车辆进行清理;声明期限后仍无人认领的车辆,由物业公司统一拖至解体厂报废处理。四个月后,83辆僵尸车按此流程全部完成处置,存在多年的"汽车坟场"场清地平,同时还为附近居民开辟了一处新的停车场所,缓解了部分居民停车压力。党建引领,五方共建,形成了强大的社会治理合力,不仅让这个社区实现了由"管理"到"治理"的良性转变,更大大提升了社区居民的获得感和幸福感。

(2)东城区构建网格化综合监督体系支撑"街道吹哨、部门报到"。在北京市东城区委出台《关于党建引领街道管理体制机制创新实现"街道吹哨、部门报到"的实施意见》,从顶层设计开始,对街道的定位和职责进行了梳理,形成了106项街道内设机构职责清单,明确除街道工委和办事处职责清单以及涉及城市管理、民生保障、社区建设和公共安全工作以外,其他职能部门不得随意向街道安排工作,确保街道集中精力抓党建、抓治理、抓服务。在确权基础上,东城区赋予街道对重大事项的意见建议权、对综合性事项的统筹调度权,制定了区政府部门派出机构人事任免事先征求街道工委意见和派驻人员考核的具体办法,完善自下而上的考核评价制度,将街道对政府部门的绩效考核权重提高到30%,实现了"条条围着块块转"。基层反向发力,在制度上有了配套,有了细化,有了保障,"吹哨报到"机制很快显示出它针对棘手问题"集中优势打歼灭战"的威力。在此基础上,东城区网格化服务管理中心以构建网格化综合监督体系、整合管理资源、形成合力为目标制定《东城区落实"街道吹哨、部门报到"构建网格化综合监督体系实施方案》及相关配套文件,以网格管理平台强化"吹哨报到"工作机制,通过建立挂账问题台账、督促各街道及时启动"吹哨"机制,逐步销账历史遗留问题,明显增强了街道统筹协调能力。自2018年6月28日正式启用网上吹哨流程以来，网格中心先后建立了四批疑难问题台账，共督办1647件，办结1016件，回复情况说明、明确了解决路径的568件，启动网上吹哨的44件，类案并案处理2件。2018年3月份网格平台中存在的非强制结案且尚在处理中（2017年12月31日以前）的长期未回复案件共计5273件，截至同年9月底，4159件已经得到解决，其他1114件涉及架空线、道路破损等的问题也列入提升工程计划。从2018年平台案件滞留的情况看，新增滞留事项已开始逐月减少，历史滞留案件也经过几批次督办，从高峰时期每月近千件滞留案件，到9月份降至30件以内，并能随时转化为街道吹哨案件予以解决。

同时，东城区还依托网格管理平台，完善公众参与渠道，建立便捷的意见表达平台，通过完善现有网站、微信、微博、热线的公众举报功能，开发推广东城区公众随手拍App，构建起更广泛更便利发现问题、反映问题的渠道；通过新方式新机制更好地打破过度依赖体制内发现问题的弊端。仅2018年6月至11月，市民随手拍App使用人数达到777人，上报问题总数为5989件，结案5640件，表现出高立案率、高解决率、高反馈率的特点，月平均数和投诉总量都超过了所有其他公众举报投诉渠道，成为最受欢迎和利用率最高的公众参与渠道，进一步扩大了"吹哨报到"机制的受惠面。

（3）通州区推动资源下沉，实现"哨"响人到，以群众满意为落脚点提升服务实效。 随着北京市级行政中心正式迁入北京城市副中心，北京市给通州区基层社会治理体系和治理能力提出了新的要求。通州区委积极落实北京市党建引领"街乡吹哨、部门报到"改革要求，科学统领各相关单位和部门各司其职、周密协作，加快推进"吹哨报到"改革探索。主要表现在：

一是搭平台、强调度，下沉专业执法力量。在充分调研的基础上制定《关于加强街道（乡镇）实体化综合执法中心建设的实施方案（试行）》，依托网格化管理平台和"雪亮工程"，建立通州区"街乡吹哨、部门报到"信息系统，实现多网融合、一体管理。统筹协调各部门优势资源，由各街乡主要领导担任执法中心主任，成员单位涵盖36家行政执法部门。采取"网上吹哨、线下执法、闭环管理、全程监督"的运行管理机制，通过设置"吹哨"派单、事件处置、评价考核3个工作环节，实现统一信息采集、统一执法流程、统一信息反馈、统一评价考核，推动"吹哨报到"实体化、精细化、综合化、法治化、智能化。

二是伸触角、进基层，持续建强街巷长和小巷管家队伍。研究制定《关于进一步加强街巷长制的工作意见》和《关于进一步深化"小巷管家"队伍建设的工作意见》，建立"日巡、周查、月评"机制，由街巷长日巡、各街乡周查、区城市管理委月评，有效解决重点问题。截至目前，已建立的城市精细化管理队伍中有街巷长3053名、"小巷管家"3758名，实现全区街乡650条街道、4320条背街小巷全覆盖。

三是建立健全考评体系，以群众满意为落脚点提升服务实效。坚持在基层治理中走好新时代的群众路线，研究制定《"吹哨报到"绩效考评制度》，在考评体系中创造性地设立"'吹哨报到'满意度"这一指标，与"'吹哨报到'落实"共同作为考评体系的两个基本模块。每年年底，由区"吹哨报到"牵头部门和第三方公司，重点围绕各部门工作开展情况，组织群众进行"'吹哨报到'满意度"测评，将人民群众的满意度和获得感作为衡量"吹哨报到"工作成果的重要标尺。设立"主动服务基层报到任务"子项目，要求相关部门依照各街乡及相关单位梳理的《基层热点难点问题清单》，主动树立服务意识，结合自身职责填报《主动服务基层报到任务书》，聚焦基层群众的实际需求积极开展工作，确保"哨声为民而响，服务为民而至"。"吹哨报到"考评体系覆盖全区所有单位和部门，年度考核结果将与各部门及领导干部个人年度评优、职务晋升、追责问责联系起来，进一步提升各单位为民服务的积极性与实效性。

（4）"街乡吹哨、部门报到"机制助力背街小巷环境整治提升。 2017年，北京市城市管理委员会、首都精神文明建设委员会办公室印发《首都核心区背街小巷环境整治提升三年（2017—2019年）行动方案》，为切实改善群众身边环境，提升城市发展品质，打造"环境优美、文明有序"的街巷胡同，东城和西城两区政府充分发挥党建引领的"吹哨报到"机制作用，按照"十无一创建"工作标准和《背街小巷环境整治提升设计管理导则》，将"街乡吹哨、部门报到"机制向社区、街巷延伸，探索党建引领社区治理体系建设，激发基层治理活力，搭建政府与居民之间的沟通桥梁，及时发现和解决问题，带动公众参与环境治理，共建美好家园，打造出环境优美、文明有序，且具有首都特色的小街小巷。

西城区政府围绕"深入推进科学治理，全面提升发展品质"的主线，推进背街小巷治理工作，将背街小巷环境整治提升任务部署到街道，落实"街长制""巷长制"，区长、街道主任分别任全区和区域总街长，区四套班子领导分片联系十五个街道，党员干部任街长、巷长。区文明办、区环境办要发挥牵头抓总作用，严格落实街长巷长责任制，将背街小巷整治提升纳入精神文明创建工作，广泛调动群众参与，努力争创文明创建的典范。各街道要落实属地责任，把街巷胡同当作城市客厅，精心打理，确保各方工作力量汇聚到街巷、措施落实到街巷。西城区环境办、区文明办通过多种渠道定期亮出街巷整治提升工作进度，接受社会监督。区政府与各街道、各街道与物业公司分别签订责任书，在各条街巷胡同竖立公示牌，亮明街长、巷长姓名、电话、职责，亮明自治共建理事会、物业单位、社区志愿服务组织名称、负责人、职责，亮明街区治理导则和实施方案、居民公约等相关文件，促进政府、社会组织和居民依规办事，确保各项治理工作有章可循，如图1-1所示。各街道建立起街（巷）长、街巷胡同自治共建理事会机制，制定街区治理导则和实施方案、居民公约、责任公示牌，落实民生工程民意立项机制，引导群众积极参与治理工作。

图1-1 街巷管理

一是针对驻区单位、市民集中反映的热点、难点问题，各街道统筹规划、城管、工商、交通等各部门，落实重点区域无违法建设、"开墙打洞"清零，规范共享单车管理，推进道路疏堵工作，确保无乱停车现象等整治任务，加大对占道经营、占道设施的整治力度，取缔不规范餐饮门店；严厉打击非法小广告、不规范广告牌、乱贴乱挂等行为；持续整治黑车黑摩的、非法一日游等市场乱象；强化垃圾分类回收与管理，加强环境污点区域的整治和管理，努力实现垃圾不落地的目标；开展出租房清理整治专项行动，综合治理地下空间，消除安全隐患。

二是全面完成低洼院改造和平房翻建修缮任务，新建停车泊位，全面消除旱厕，并按计划做好水、电、气、热管线更新和夜间照明提升工作，对各类道路质量情况进行排查并及时修复，启动全区老旧小区无障碍设施建设工作。

三是背街小巷治理强化古都风韵，与历史文化名城保护工作紧密结合，腾退浏阳会馆、谭鑫培故居等14处文物，带动区域面貌整体改善。持续开展"连片联动"保护行动，启动法源寺、菜市口西、南闹市口、西四北四个片区的腾退改造工作，完成全区文保片区实施规划，展现文化内涵与古都风韵。加大非遗传承力度，助力老字号发展，挖掘胡同文化内涵，讲好西城故事。实施"出门见绿、垂直挂绿、点缀添绿、见缝插绿、拆违增绿"五绿工程，结合疏解腾退空间，切实做好背街小巷的绿化美化工作，坚持做精、做细、做优、做美，精致建设管理小街小巷小胡同。

四是逐步实现物业服务在各背街小巷和老旧小区的全覆盖，督促地区机构、地区居民履行社会责任。在2017年完成80%的平房区和部分老旧小区的物业化管理的基础上，2018年实现平房和老旧小区物业化管理全覆盖。西城区抓住"党建引领"这条主线，在平房和老旧小区集中的物业管理服务中推进社区物业管理党建联建工作，将以"块"为主的社区党建与以"条"为主的行业党建有机结合。以街道、社区党组织为核心，物业服务企业、社区居民、驻区单位代表等利益相关方共同参与，协调解决物业管理服务中遇到的问题，建立平房和老旧小区集中的物业管理服务标准体系，建立物业管理与网格化服务管理体系的衔接机制，推动社区内各类资源互利共享，提升居民的归属感和获得感。

"街乡吹哨"的重点是强化街道乡镇党工委的领导作用，充分发挥统筹协调功能，使街乡吹哨有职、有权、有依据。"部门报到"是将各类城市管理力量往街乡下沉、聚合，使部门报到有平台、有机制、有资源。"街乡吹哨"重协调，"部门报到"重实效。哨声，就是群众的诉求和呼声，树立到一线解决问题的导向；报到，就是各级党组织和政府职能部门向基层报到、向一线报到、向群众报到，形成解决问题的合力。2018年，以构建简约高效基层管理体制、打通基层治理"最后一公里"为重点，坚持试点先行重点突破、全域推进整体提升，着力破解长期困扰城市发展、城市治理的难题的"吹哨报到"改革取得重大突破和重要阶段性成果，全市建成169个街道乡镇试点，占街乡镇总数的51%。改革试点在探索党组织领导基层治理有效路径、解决基层治理难题、切实增强人民群众获得感、幸福感、安全感等工作上取得了初步成效。

（二）"树立以人民为中心的工作导向"2.0版：闻风而动，接诉即办

2019年，北京市在继续深化党建引领"街乡吹哨、部门报到"改革的基础上，建立"接诉即办"机制，着力树立鲜明的到基层一线解决问题的工作导向。通过整合各级各类为民服务热线，将其拓展为一个集电话呼叫、网络通信、无线通信、多媒体通信于一体的市民热线服务中心，如图1-2所示。民政、卫生、环保、农业、消防等数十条热线都已完成了与12345的深度整合，"一条热线听诉求""一张单子管到底"成

图1-2 北京12345市民热线话务大厅的实时监控显示屏

为现实。市、区、街道乡镇三级联动,强化"部门+行业"考评导向,推动城市治理重心下移、资源下沉,畅通社会治理的"最后一公里",更补上了服务群众的"最后一米"。

1. 建设背景

12345服务热线是北京市政府设立的非紧急救助服务,前身是1987年设立的"市长电话",可以接听市民来电,解答公众咨询,收集整理社情民意,受理市民提出的诉求、问题、建议等,通过交办妥善解决市民遇到的非紧急类问题。

所谓"接诉即办",就是提高对"诉"的重视,加强"办"的力度。2019年1月1日起,12345市民服务热线开始将街道(乡镇)管辖权属清晰的群众诉求直接派给街道(乡镇),街道(乡镇)迅速回应"接诉即办",区政府同时接到派单,负责督办。

为持续深入贯彻落实市委《关于加强新时代街道工作的意见》和《关于深化党建引领"街乡吹哨、部门报到"改革的实施意见》,北京市于2019年6月印发《关于优化提升市民服务热线反映问题"接诉即办"工作的实施方案》,指出:坚持"以人民为中心"的发展思想,坚持民有所呼、我有所应,进一步深化群众诉求"闻风而动、接诉即办"工作,把办好群众"身边事"的实效作为检验"吹哨报到"改革成效的重要标准,走好新时代群众路线,不断增强群众的获得感、幸福感、安全感。"接诉即办"工作始终坚持问题导向,从群众需求、诉求出发,持续优化提升热线"接诉即办"工作,通过条块结合、部门联动,推动"吹哨""报到"有效衔接,推动"接诉即办"与主动治理有机结合,努力做到市民诉求有人办、马上办、能办好。

2. 主要做法

水管爆裂,900户居民停水……热线"秒速"向街道值班点派单,街道工委书记速达现场,自来水修理小组赶到现场,应急备用水送入社区,情况通报在居民微信群发布，水管修复；绿地变菜地，从接到投诉到草地还绿仅用了6小时……对群众的操心事、烦心事、揪心事实行"接诉即办"，把群众反映的问题作为特大型城市治理的突破口和着力点，全面开展"接诉即办"工作，在市委主要负责同志的直接推动下，北京合并68个服务窗口热线，推出12345新市民热线；市民诉求由市政务局直接向333个街道（乡镇）派单，街道、社区完成对接服务；每天生成大数据民情分析，早上送到市、区领导案头。"接诉即办"推动首都北京基层工作方式发生重大转变，成为首都落实党的十九届四中全会精神的创新实践。

（1）诉求单直派属地街乡镇，减少区级中转环节。"接诉即办"工作直接将社会治理中最后一公里甚至最后一米、最后一厘米亟待解决的事情由市级层面接单下派街道（乡镇）办理，在顶层知悉、督办的前提下一竿子插到基层部门去，形成了"群众—顶层—基层—群众"的实践闭环，减少了流转环节，如图1-3所示。同时，2019年，北京市委市政府还出台了《关于加强新时代街道工作的意见》，按照"精简、效能、便民"的原则，在"吹哨报到"向街乡"赋权"的基础上，推进落实街道大部门制改革，将原来"向上对口"的20多个科室，精简为"向下对应"、直接服务居民的"6+1+3"的内设机构，把做实增强街道落到了实处，实现由行政管理型街道向为民服务型街道转变，使"接诉即办"工作的开展在基层有依据、有资源、有手段。

（2）实行"双反馈"，"点名""考核"双激励。全市"接诉即办"工作定期对热线接到的群众诉求进行分析研判，准确把握群众反映集中的热点问题、重点地区，通过《市民热线反映》专刊报送市领导。对市领导批示、群众反映集中的热点问题加大"点穴"式督办力度；对市民诉求量排名前十、被确定为"治理类"的街乡，由市级部门进行具体督导，直到排名退出前十为止。对于依据法律法规不能在办理期限内

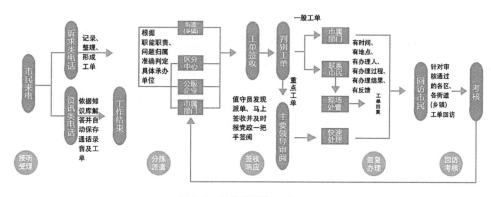

图1-3 派单处理流程图

解决的合理诉求,根据条块责任明确主责单位,给予其一定的整改期,并实行挂账入库、销账出库。

根据各区、街办理情况实行"双反馈",即各街(乡镇)群众诉求办理情况要及时向来电人反馈,并同时向12345热线反馈。北京市政务服务管理局每月对满意度进行回访,根据群众反馈情况,对全市16区、333个街(乡镇)进行"响应率""解决率"和"满意率"大排名,形成群众考核评价体系,纳入各区和市级部门的业绩考核。市委每月都会召开区委书记月度工作点评会,依据排名分为先进类、进步类、整改类和治理类四类对"接诉即办"情况进行通报。整改类即排名靠后的街(乡镇),治理类即市民诉求类问题数量多的街(乡镇),都会被一一点名,从顶层传导压力。排名靠后除了会被市委书记点名,还可能被区领导约谈,对慢作为、不作为等问题严肃追责问责。北京市政务服务管理局出台《关于"接诉即办"工作绩效考评办法(试行)及细则》,建立健全科学评价体系,充分发挥科学评价的导向作用,将市民通过热线反映的诉求、媒体反映的问题、网络诉求舆情办理情况一并纳入"接诉即办"考评,按照响应率30%、解决率和满意率各35%计算,突出解决问题的导向和实现群众满意的目标,强化激励和约束作用。

(3)纪委监委介入,确保工作落实。北京市纪委监委也要求各级市区两级纪监部门围绕"接"的主动、"诉"的受理、"即"的时效、"办"的质量等关键环节,立足"监督的再监督""检查的再检查"职能定位,建立快查快办机制和通报曝光工作机制,把纪律挺在前面,运用好监督执纪"四种形态",强化日常监督,抓早抓小,对工作推进不力、不作为、慢作为、推诿扯皮等形式主义、官僚主义问题,坚决整治纠正,督促相关单位履职尽责,建立解决群众诉求的长效机制,通报曝光违纪违法典型案例,以案为鉴、以案促改,强化对"街乡吹哨、部门报到"改革和"接诉即办"工作的监督。

(4)网格平台提供支撑,为民服务提速增效。为落实"接诉即办"工作在管理体制、机制方面提供的支撑,16个区级(监督)指挥中心中有12个区依托市区街三级网格化城市管理平台,发挥区网格监督指挥中心和街(乡镇)分中心指挥协调作用,承担12345热线网络派单的签收登记、协调派遣、任务督办等工作。整合问题办理渠道。各区网格监督指挥中心将12345热线反映的问题纳入网格化城市管理系统进行办理,使12345热线网络派单实现从登记、办理到结案反馈的信息化管理。提供监督员现场支持。发挥网格化城市管理队伍"侦察兵"的作用,对于市民关注度较低的公共区域，12345热线不能准确全面反映所存在的城市管理问题，及时提供现场信息的核实核查。主动未诉先办。通过网格技术主动巡查，将矛盾问题化解在群众开口前，从"接诉即办"逐步转向"未诉先办"。促进街道（乡镇）利用网格化城市管理系统发现问题点位准、派发问题流转快、处理问题有核实的特点，在公共区域的城市管理问题未对市民产生影响之前提前解决，既能与12345市民热线优势互补，又能从一定程度上降低市民投诉量。

（5）大数据支撑，为民服务抓住要点、难点。通过一个热线，研究一类问题，化解一片矛盾，举一反三解民忧，对热线反映集中的领房产证难、停车难等11个方面的共性问题，或调整流程，或完善政策，或出台新规，或调整决策，全力推进"啃硬骨头"。重点问题，集中力量挂账办，数据显示，有29个乡镇的热线诉求居高不下，综合分析发现，它们均位于五环六环间的城乡接合部，矛盾集中，问题高发，涉及人口近500万。北京市委市政府专题决策，由发改委牵头，组成工作专班，一镇一策、一村一策，进行精细化治理，调动全市资源支持帮扶。历史问题，源头治理立法办，热线推出3个月后，有关物业的投诉占到了1/3。通过全市摸底调查，一大批原部门原企业消失的老旧小区失管弃管现象浮出水面，为此，北京市加快《北京市物业管理条例》立法，综合施治。网格化管理大数据与热线数据对接，将城市管理网格监管与群众诉求结合，通过对区—街—社区各层面共性问题的梳理，从诉求内容、点位中整理出城市治理的难点、痛点问题，加强网格监督员巡查上报，城市管理方面的热点诉求上账管理，防止问题反复治理反复出现。通过大数据分析，梳理出共性问题，先做到有一办一，再去举一反三，接着是发现深层问题，去主动出击，去主动解决这个源头问题。如此一来，通过热线平台可以知道一些问题的深度情况，最终去推动解决一系列的问题，将"接诉即办"逐步升级为"未诉先办"。

3. 典型案例

（1）市委社会工委市民政局发挥在基层社会治理、基本民生保障、基本社会服务领域的职能作用，全力解决群众身边事。北京市委社会工委市民政局以建设"最有温度、最接地气、响应群众诉求最快"的部门为目标，充分发挥在基层社会治理、基本民生保障、基本社会服务领域的职能作用，全力解决群众身边事。

专门成立"接诉即办"调度指挥中心，进一步建立健全高位统筹、上下联动、全员响应、责任明确的"接诉即办"工作机制。采取政府购买服务方式，成立12345民政分中心，7×24小时负责和12345市民服务热线对接，实时接收群众电话诉求。按照群众诉求案件响应率100%要求，当天诉求，当天回应，及时签收，及时响应，100%回访。接到群众诉求，实施首办响应复核，调度指挥中心统一转办。对于高频问题、疑难问题、长期未办结事项诉求进行现场专项调研，共商解决对策，努力提高满意率。强化"接诉即办"大数据分析运用，建立市委社会工委市民政局12345群众电话诉求分析周报、月报、季报、半年报制度，定期对各单位办理情况和群众反映的问题进行统计分析，把群众电话诉求作为反映社情民意的"晴雨表"。

（2）大兴区网格化管理与12345市民服务热线"两网"融合。 北京市大兴区融合网格化管理和12345市民服务热线办理两项职能，区级成立城市管理指挥中心，配备8科40名编制，主要负责全区网格化管理和"接诉即办"工作规划、运转监督、统筹指挥等工作；全区22个属地镇街依托市民诉求处置中心或综治网格中心，逐步将两项工作进行深度融合，目前，全区已有6个街道、4个镇实现"两网"融合运转；基层以社区（村）"两委"为依托，打通网格民情工作的神经末梢。大兴区"接诉即办"工作有三个特色：一是高位"统"，把接诉即办作为全区工作主线。通过完善组织体系，强化统筹调度。成立区主要领导为组长的接诉即办工作专班，以区城市管理指挥中心为依托，挂牌成立全市首家"接诉即办调度指挥中心"，镇街设分中心，将接诉即办纳入区委党建领导小组会、区重点工作联席会及各镇街每周班子会固定议题，常议常抓；区领导结合包镇街、分管工作，围绕《市民反映日报》，第一时间协调调度；镇街一把手做到日签日清日督。对高频诉求和突出问题，书记、区长直接向镇街主要负责同志交办，要求件件有回音。对人民网"地方领导留言板"反映的诉求，每件办理单都由区主管领导和主要领导签字把关。市级媒体曝光的问题，由区委办挂账督办，限时销账。二是创新"办"，用解决群众困难践行初心使命。创新工作机制，探索建立"六步工作法"（高站位、早响应、快解决、暖答复、治源头、重投入）、"八项工作机制"（高位督办机制、排名通报机制、首办负责机制、吹哨报到机制、协调调度机制、源头治理机制、数据分析机制、综合保障机制）、"接诉即办十三要"（要控总量、要化风险、要避红线、要传压力、要加分子、要去分母、要盯重点、要治源头、要主动防、要善沟通、要重创新、要抓根本、要重长效）等群众诉求办理机制。创新"三包三转三上门"群众工作法，将"发生率""见面率"纳入接诉即办考核。三是源头"治"，坚持做到未诉先办。从民意征集入手，采取上门入户、问卷调查等方式征求群众意见和建议，将群众最关心、最迫切的问题列入为民办实事项目。从党建引领着力，街道工委通过党建联席会，邀请驻区单位党组织负责人参加，共商共治，推动解决私搭乱建、乱堆乱放、安全隐患等问题，主动上门服务群众。从集中诉求破题，梳理老旧小区失管漏管、"水黄""两灯"、物业管理、公厕管理、安全隐患、绿化、环境脏乱等18项集中反映的民生类问题，将其列入区政府实事，研究制定物业全覆盖方案，制定国有企业应急托底机制。以两网融合推动网格化管理和接诉即办，从平台、机制、队伍、数据多方面融合，把群众反映的问题作为网格巡查的重点内容，推动接诉即办向未诉先办发展。2019年北京市大兴区"接诉即办"工作受理12345热线来电诉求112009件、响应率100%、解决率67.87%、满意率81.58%。

（3）石景山区靶向发力，主动作为，发扬"钉钉子"精神，下足"绣花"功夫，深化12345市民服务热线"接诉即办"工作。 北京市石景山区把"接诉即办"当作一项基层治理的重要制度安排，既是群众工作，更是一项政治工作，把它当作反映政府服务态度、工作能力和治理水平的重要体现。对待接诉即办工作始终坚持：一是落实领导责任。接诉即办工作领导小组发挥统筹协调作用，各主管区长当好"施工队长"，五大工作专班完善工作体系，城管监督指挥中心发挥网格管理平台优势，加强分析研判和与市中心的沟通对接，压紧压实各单位党政主要负责同志的领导责任和班子成员分管领域的工作职责，把"条"和"块"真正统管起来，抓住目前存在的主要矛盾、突出问题，举全区之力，推动重点问题解决。二是落实工作制度。坚持区委常委会每月一审议，区政府会议每周一研究，相关部门每天一通报制度，落实专班例会、分级办理、首办负责、"三见面"、诉求解决兜底、区领导直通车等长效工作机制。设立接听诉求电话专席，每周对受理情况和"三率"原始成绩进行分析通报。发挥好"吹哨报到"机制作用，形成统筹解决难点问题的工作合力。三是落实主动治理。将"接诉即办"与主动治理、依法治理、社会共治紧密结合，对难点问题采取"专班、专案、专人、专责"推进的方式，建立健全市民诉求集中问题协调解决机制，进一步完善分析预判机制，做到"未诉先办""欲诉已办"。四是落实督查督办。对重点难点问题台账实行周汇总、月公示，对台账销账情况进行实时监督，对"接诉即办"、重点专项以及疑难复杂问题进行重点督办。严格"接诉即办"考核奖惩制度，对12345市民热线诉求办理工作中不作为、慢作为、乱作为等问题，加大查处问责力度。五是落实群众路线。以人民对美好生活的向往为标尺，围绕"七有"要求和"五性"需求，精准对接群众诉求，在"接诉即办"、解决群众身边的问题上见行动。落实好"三见面"制度，有事和居民商量着办，让群众家门口的操心事烦心事揪心事有人办、马上办、能办好。六要落实作风建设。各级领导干部要坚持沉在一线，埋头苦干,勇于挑重担子,敢于啃硬骨头,善于接烫手山芋,在破解难题上下更大功夫。各街道、各部门主要领导都要主动向前一步,深入分析问题根源,凝聚力量合力攻坚。用好干部激励机制,注重在急难险重任务面前、在基层一线、在"吹哨报到""接诉即办"工作中考察识别选用干部,以群众的满意率作为考核街道和部门工作的"指挥棒"。

(4)大数据分析推动停车难问题解决。从大数据分析出的12345治理指数看,"停车难"问题是投诉问题的焦点之一,特别是一些老旧小区。为此,北京市各区针对矛盾焦点,结合实际情况,采取了不同的治理模式。

东城区和平里街道辖区内,20世纪七八十年代的老旧小区占了绝大多数,随着时代发展,居民的停车需求日益旺盛,解决停车问题势在必行。各区、各街道中交通社区占地面积仅有0.112平方公里,小院里却停了88辆私家车。原来地锁遍地,车还没地停,社区居民反应强烈,一度高居投诉问题前列。社区党委通过组织居民问卷调查,了解到居民们希望引入第三方停车管理单位来解决停车难题的意愿,并共同商议探讨出停车管理办法。通过"先尝后买"的方式,各进行两周的免费试运营,一家社会停车管理单位凭借"可提供固定停车位"的优势,博得了居民的认可。2019年3月,停车管理单位正式进驻社区当天,楼院里75个地锁同时拆除,没有一户居民提出反对意见。不仅由居民决定引入哪家管理单位,而且从制定停车规则到商议停车价格等各个细节,都由居民讨论决定,大家的主动性和积极性被充分调动,才能形成如今的自治管理模式。通过治理停车难问题,大家更意识到,社区的事得让居民来做主,居民共同议事是解决老旧小区很多"老大难"问题的好途径。和平里街道还在辖区内青年湖社区、上龙西里、兴华社区、地坛社区等8个社区推广这种停车自治管理体系。

丰台区太平桥街道位于北京西站和六里桥长途汽车站附近,该街道的莲花池南里小区周边时常听到叫喊声。小区北门临莲花池南路,向东是北京西站南广场,南门毗邻莲花池长途客运站、六里桥东公交枢纽、六里桥东地铁站。地处交通枢纽中心,周边喧嚣不断,乱停车问题更是屡禁不止,"黑车"违法停放问题非常严重,很多车主把车停在小区北门外,人在小区间穿梭,往来客运站招揽顾客,还有不少出租车前来"倒班",导致这里成了出租车聚集地。车辆乱停乱放,车主大声吵嚷,加上遍地垃圾、随地大小便等问题,居民怨声载道。根据12345反馈的热线数据,太平桥街道综合行政执法队联合属地交通、公安等部门,对周边重点区域展开停车秩序专项整治,并建立"日巡+综合执法"的常态化机制,对违停车辆增加处罚频次;对相关道路，重新施划标识标线，加装交通摄像头，并设置隔离护栏，以根治停车乱象。社区与交通、城管等执法部门建立了实时沟通渠道，街巷长、网格员、志愿者也会不定期巡查，一旦发现车辆乱停乱放等问题，就通过"随手拍"等形式进行监督举报。同时为缓解交通枢纽站周边停车难的问题，太平桥街道还积极协调相关部门，根据居民需求以及路况条件，在广安路、太平桥路、西站南路等6条主要道路施划了649个路侧车位。白天，前来办事的车主可临停，晚上，小区居民可停放，一举两得。通过数据对比，停车秩序问题得到有效改善，如图1-4～图1-6所示。

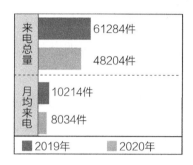
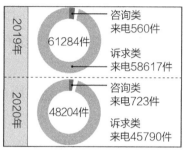

图1-4　2019上半年和2020上半年12345接诉停车问题来电数据

来电类型	2019上半年件数	2020年上半年件数	同比下降
违章停车	6038	5531	8.4%
停车秩序差	5250	4153	20.9%
停车收费	4172	3452	17.3%
私装地锁	3335	2527	24.2%
消防通道被占	1160	984	15.2%

图1-5　2019上半年和2020上半年接诉集中问题类型

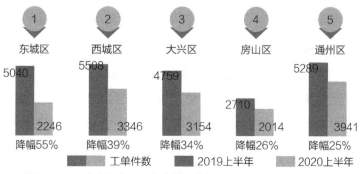

图1-6　2019上半年和2020上半年全市十六区停车问题降幅最高Top5

经过一年多的磨合实践,"接诉即办"已经基本形成规范流程:第一步,接诉即办的单子被派到相关街道,社区干部们"闻风而动",立即深入下去查漏补缺,把具体问题先解决了再说。进一步,区一级针对广泛存在于基层的共性问题进行专题研究,认为老旧小区若干难题的症结在于物业管理,而物业公司、居委会、业主身在一地却坐不到一条板凳上,"谁看谁都来气"的问题始终没有很好解决。最难解决的事最需要靠党建来引领。北京市朝阳区提出以党建引领物业的办法,由政府牵头成立国有物业服务企业承担老旧小区物业"兜底"服务,采用"先尝后买"模式,积极探索老旧小区物业管理转型升级之路。更进一步,市级层面分析判断,提出改革措施,持续深化"街乡吹哨、部门报到"改革,向街道赋予多部门协同解决的综合性事项统筹协调和考核督办权等"六权",确保基层有充分的权力和更多的资源为群众办事、解决实际问题。

北京市委市政府充分认识到构建更加有效的首都治理体系,需要提高超大城市治理水平,坚持精治共治法治,下足"绣花功夫",重在夯实基层治理基础。街道处于行政末梢,是治理的基本单元。接诉即办有效树立了各项工作直接抓到街道,到基层一线解决问题的鲜明导向。北京市构建"接诉即办"机制的重要意义,就在于首先解决好"为了谁"、再认清一座人民城市的发展应该"依靠谁"的认识过程。

2019年全年,北京市12345热线共受理群众来电696.36万件,其中涉及诉求类的电话达到251.97万件,共有274.5万个号码来电,相当于大约有10%的北京市民拨打过12345热线。从回访情况看,群众诉求响应率是100%,也就是说每一位打电话的市民、每一次来电诉说都得到了各级政府工作人员的回应,工作人员甚至走到市民身边为他们提供帮助。诉求解决率从年初的53.09%上升到年末的74.96%,市民满意率从64.61%上升到87.26%,可见市民对诉求的处理还是比较满意的。全市各级党委、政府俯下身来、脚踏实地,聚焦群众的各类烦心事、困难事,想方设法解决群众的各类诉求。一半以上的群众诉求三天之内就能解决,有更多的党员干部直奔基层一线、走到群众身边,拉近了党委、政府和人民群众的距离,增强了人民群众的幸福感和获得感。"接诉即办"工作之所以取得这样的成绩,得益于北京市委市政府对基层治理工作的创新、对市民热线的重视和高位推动,对12345接诉即办工作亲自设计、部署、回应;得益于党建引领"吹哨报到"的适时改革,把12345接诉即办机制作为城市基层治理的重要抓手;得益于新一轮政府的机构改革,实现热线数据和服务资源的高效整合。哪里有问题就解决哪里,哪里有诉求就关注哪里,这是为民排忧解难的处理方式，得到了广大市民的理解、认可和肯定。北京市的"接诉即办"工作紧扣党的十九届四中全会提出的"推动社会治理和服务重心向基层下移，把更多资源下沉到基层，更好提供精准化、精细化服务"理念，坚持和完善超大城市基层治理制度，在"加快推进市域社会治理现代化"道路上做出有益尝试。12345绣花针穿起民生万家线，万家线织就首都治理宏图，"接诉即办"既是城市管理智慧，更是解决民生问题的"金钥匙"，"百姓吹哨、全社会动员"的社会治理新局面逐步形成。

（三）"树立以人民为中心的工作导向"3.0版：主动治理，未诉先办

2020年，北京市总结经验、继续深化党建引领"街乡吹哨、部门报到"改革，优化接诉即办工作机制，坚持首善标准，在扎实推动首都高质量发展的过程中，深度探索共建共治共享，聚焦民生，将以人民为中心的发展思想落实落细，以落实"七有""五性"监测评价指标体系为主线，树立"向前一步"和"主动出击"的工作理念，发挥12345市民服务热线和网格化城市管理平台作用，建立"热线+网格"为民服务模式，推动主动治理、未诉先办，将"接诉即办"的基层治理方式又提高了一个层次，努力打造"网络上的12345"，开辟12345微信公众号及北京通App，推动基层治理与信息技术深度融合，加强移动互联、大数据、区块链等技术在12345网上接诉即办中的应用，打造品牌统一、覆盖全面、服务高效、上下联动的12345网上接诉即办工作体系。

同时，"接诉即办"从服务市民向服务企业延伸，12345热线已经实现服务内容、范围、对象的进一步扩充和广泛覆盖。企业在开办、经营发展过程中遇到困难和问题，可随时随地拨打12345热线，求助北京市各级政府部门。企业诉求办理情况还将统一纳入全市"接诉即办"考核评价体系。作为完善优化营商环境的制度机制创新，"接诉即办"将政府对企业"有求必应、无事不扰"的思想落到了实处。

1. 建设背景

2019年以来，北京市"街乡吹哨、部门报到"工作机制基本形成，"接诉即办"机制初见成效。在基层工作当中，一般都是"有诉有办"，让人民群众反映的问题件件有回音、事事有着落，推动人民群众生产生活问题的解决，推动社会各项事业有序进行，促进社会和谐进步。为了让"接诉即办"机制更好地服务民生，2019年下半年，北京首次创建了"七有""五性"监测评价指标体系，并将其纳入对市区相关部门的考核中。市委书记蔡奇在民生调研中多次强调，要把"七有""五性"作为对民

生工作的重要考核指标，把为民办实事作为检验党员干部担当的"试金石"，用实际行动践行共产党人的初心使命。监测指标紧紧围绕党的十九大提出的"七有"，即幼有所育、学有所教、劳有所得、病有所医、老有所养、住有所居、弱有所扶，和北京市委市政府提出的"五性"，即便利性、宜居性、多样性、公正性、安全性等民生需求。

2020年，为了让广大人民群众拥有更大的获得感、更多的幸福感，继续撬动基层治理大变革，北京市委市政府提出"主动治理、未诉先办"的更高要求，要求各级政府增强工作的主动性，各相关部门主动履职尽责，努力从源头上减少群众诉求，将民生问题立足于超前解决，在未给群众带来不便时就解决。进一步而言，这本也是城市治理的规范性动作，只有政府部门将分内的工作做好，才能少给群众添堵，让社会更加和谐。

2. 主要做法

为了更好地了解群众需求、更主动地解决权重难题，北京市从2019年积累了12个月的热线诉求数据入手，梳理出高频问题、重点区域，主动治理，真正实现"未诉先办"，提高城市治理智能化水平。

（1）针对密集投诉的问题，聚焦难点问题。有关职能部门或单位针对民众密集投诉的问题、行业或区域，带着问题导向进行重点关注、重点摸排、重点检查、重点服务，从而找出依然存在的问题或隐患，找出症结和原因，找出民众的痛点、难点、堵点。在此基础上，采取相应措施化解存量问题和矛盾，化解可能发生的新的投诉，即在民众有可能因为相关问题再投诉之前把问题处理好，减少民众对同类问题的投诉量。

（2）延伸服务触角，及时排查防范风险。民众投诉无小事，民众利益无小事。从食品安全、消费维权、环境保护、扫黑除恶到停车难、狗患扰民、水电暖网等公共服务，都关乎民生，都有可能在某些区域和环节出现问题，引发投诉，有关责任主体既要做好"接诉即办"，高效处理已经暴露出来的问题，也要做好"未诉先办"，瞄准管理服务的末端和细节，举一反三或未雨绸缪地排查隐藏的问题或处在萌芽状态的矛盾隐患，从根源上予以化解，并据此进一步健全管理服务机制，落实责任，对相关问题形成制度性、系统性防范。有关责任单位在履职过程中主动出击，进一步延伸触角，提升监管或服务的灵敏度，在问题未真正形成前或矛盾未爆发前、民众未投诉前就主动捕捉到问题隐患、侵权风险、投诉苗头，及时进行预防、规范和化解，理顺有关权利义务关系，维护民众利益，"抢答"民众诉求。

由"接诉即办"到"未诉先办"，无疑能更好地回应民众的关切和诉求，能取得更好的社会效果，能让民众更满意。这一升级符合治理体系和治理能力现代化的需求，符合民众的需求，应成为各地、各单位的规定动作。

（3）吹好监督哨，推动履职尽责。纪检监察在"吹哨报到"中发挥监督作用，市纪委监委立足监督职责，以2020年1号文件向全市纪检监察系统印发了监督方案，要求各级纪检监察组织将监督嵌入"接诉即办""未诉先办"工作，将贯彻落实市委决策部署不坚决，办理群众诉求态度恶劣、作风粗暴，对群众合理诉求消极应付、推诿扯皮、滥用职权、吃拿卡要、不担当、不作为及党员干部和公职人员违规违纪违法问题等十二类问题作为监督重点。北京市纪委监委有关负责人介绍，全市各级纪检监察机关完善信息共享、协调对接、分级负责、三级联动等机制，运用大数据手段分析研判群众诉求的高频事项、高频区域，找准监督发力方向，推动有关部门认真履行职责。

3. 典型案例

（1）北京市人力社保局"一个诉求推动解决一类问题"。2019年对于62岁的郑晓弟来说是幸运的一年，也是温暖的一年，因为这年他终于"退休"了。之前，因为政策衔接的问题，郑晓弟发现自己无法办理退休。意识到这个问题之后，他多次来到街道、社保所、区人力资源公共服务中心咨询和反映，但一直未能解决。今年，因为"接诉即办"，他的事情出现转机，7天就办好了所有退休手续，他终于可以享受养老保险和医疗保障待遇了。

通过郑晓弟的事情，北京市人力社保局决定，要以郑晓弟的案例为契机，提前下手，未诉先办。他们举一反三，对养老保险业务工作中可能出现的类似问题进行了研究，进一步完善了养老保险政策和业务流程，专门制定出台了《关于进一步完善养老保险业务流程的通知》，从政策层面解决了无用人单位超龄人员养老保险待遇的核准申报、延期缴费、变更信息等问题。在解决好群众诉求的基础上，梳理共性问题，从解决一个问题到解决一类问题，在政策和服务等方面实现了创新和突破，并促进政策有效落地，让群众真正感受到了政府办事作风的转变。

（2）西城区广安门内街道将"接诉即办"递进为"未诉先办"。北京市西城区各街道、各部门、各社区按照"民有所呼、我有所应"的要求，解决了一批老百姓多年没能解决的身边事。广内街道总结工作经验：早想一步，早做一步，提前预判，当群众的贴心人。为此，广内街道开通"社区通"及早响应居民诉求。一夜大雨过后，广内核桃园东街的物业保安在巡查中发现，东街16号路旁一棵大槐树斜在路旁，树被连根拔起，为即将到来的早高峰出行埋下了安全隐患。通过社区通，这条消息很快被社区书记得知，书记看到后立即"吹哨"，找来绿化队迅速作业，社区与街巷物业拉起警戒线，维护现场秩序，疏导交通，很快把危树清理干净，将险情排除在了萌芽中。社区举一反三，为避免暴雨冲击带来的老房漏雨、排水不畅、树木倒塌等事故，根据居民反映在街道"社区通"和包括社区、街道、公共服务部门在内的"吹哨报到快治群"的问题，通过社区及时"吹哨"、各部门"报到"，将问题在扩大之前及早解决，不影响居民的正常生活。作为全市最早使用"社区通"的街道试点之一，这一社会治理"神器"如今在广内已经积累了一大批"铁粉"。最近，街道还专门开辟了"接诉即办"版块，不仅打开了群众反映诉求的渠道，还缩短了案件受理的时间，居民可以线上了解到问题解决的受理部门是哪，负责人是谁，以及每一步的进展情况，为居民明明白白办事，让大伙真真正正放心。

同时，街道根据"大数据"分析，提前进行问题研判。在老旧小区密集、基础设施相对薄弱的广内地区，居民对身边问题的诉求呈"多元化"态势。为加强对"接诉即办"案件的办理实效，街道对热点、疑难问题进行分类梳理，从内容上将问题分为6大类、36个小类，根据不同时节、不同地点、不同环境条件，做好分类，提前对其他相关问题做好预判，力争实现"未诉先办"的工作目标，让问题"只出现一次"。停车难是每个老旧小区的"通病"。去年，广内街道宣西社区的小区业主因停车位紧张拨打12345政府服务热线进行投诉。街道工委办事处通过党建引领，运用民生工程民意立项机制，积极引导物业公司、重新梳理规划辖区停车资源，成为辖区内首批老旧小区准物业化停车自治试点，满足居民的停车需求。根据宣西等社区的成功经验，街道很快出台了《广内街道社区停车自治管理手册》，作为可复制的经验，迅速推广这一做法。今年，广内街道将把停车自治推广到其他8个社区，以解决居民停车难题，在问题来临之前化解矛盾，降低群众的投诉率，真正让群众得实惠。

（3）朝阳区探索"未诉先办"四步工作法。 为进一步深化"接诉即办"工作，推动党建引领基层治理主动向前一步，北京市朝阳区委主动围绕百姓"五性"需求听民意，提前吹响服务群众哨声，形成未诉先办"查、应、解、判"四步工作法，为朝阳群众提供更好更实的服务。

1）查——官民联动，主动查找问题。 朝阳区四套班子成员以上率下，共走访联系43个街乡604个社区（村），摸排影响民生"五性"需求的难点、痛点、堵点；发挥单位党组织和在职党员参与属地基层治理的作用，指导区属机关企事业单位、5000多家"两新"组织和10万余名机关、国有企事业单位和"两新"组织在职党员，深入社区、入户走访，了解居民身边的揪心事。与此同时，充分发动"朝阳群众"、7459名小巷管家，通过日常巡访履职，积极发现公共设施、环境秩序、市容市貌等城市管理问题。区委社会工委、区民政局在走访、调查研究的基础上，将推出《朝阳区百岁老人优待服务办法》，贴心助老，增进老年人福祉。

2）应——"双网"联动，及早响应诉求。朝阳区将城市精细化管理网和互联网大数据中心互联互通，线上线下互动，把解决诉求关口前移，确保群众诉求早响应。全区共划分为322个管理网格、8260个技术网格，依托网格党支部（党小组）发动由协管员、志愿者和楼门院长组成的网格员队伍，织就了一张由片区、网格、街巷组成的城市精细化管理网，确保问题及时发现，群众诉求及早响应。

3）解——"双台"互促，统筹资源解难题。朝阳区充分发挥各级党政群共商共治平台和党建工作协调委员会平台分级问题征集、整合撬动资源的作用，破解民生难题。依靠500余个四级党政群共商共治平台、1.9万余名各级议事代表，围绕关系居民切身利益的公共事务、公益事业，居民反应强烈、迫切要求解决的实际困难等四类事项议事协商，化解百姓操心事。朝阳区依托区委、街道（地区）、社区（村）三级党建工作协调委员会平台，发挥区域内机关、企事业单位及代表性强、影响力大的"两新"组织党组织作用，形成基层党建整体效应，推动难题破解。将台乡"有一办一"、举一反三，共商共治解决居民关注的小区树木修剪问题，赢得百姓点赞。

4）判——摸清规律，科学预判源头治理。朝阳区对通过各类力量、线上线下收集到的信息、意见进行"会诊"，对照百姓"五性"需求，将全区热点、疑难问题从内容上划分为城市管理、平安建设、民生保障、便民服务、投诉举报5大类，同时结合投诉周期、来源地区、案件性质进行分门别类，总结数据表象后的规律和共性，摸准地区诉求高发类型、频发区域、事件特性，通过数据价值挖掘、强化分析预判，提前做好预判感知，找准痛点，投入力量，对症下药，消解问题于萌芽。小关街道"望闻问切"切准脉搏挖根源，在该地区33号院改造过程中，围绕地区老旧小区老年人居多、就餐困难的特点，摸清老年人就餐需求，建起老年食堂，关口前移做好百姓身边事。

（4）丰台区长辛店镇努力实现"未诉先办"，主动解决群众问题。从"接诉即办"

到"未诉先办",北京市丰台区长辛店镇转变工作模式,主动作为,不断提升辖区内人民群众的满意度和幸福感。

2019年9月,长辛店镇河长办工作人员在巡查过程中发现长辛店村西峰寺的一处坑渠内有排污现象,为防止形成黑臭水体,工作人员当即展开调查。通过深入走访,了解到该区域农居混杂,居民家中没有铺设市政下水管道,自建渗水井和自流井是排放污水的主要方式。但是这种排水方式不仅会对环境造成污染,在生活上也给住在此处的居民造成了极大的不便:到了夏天,污水排不净,气味难闻;到了冬天,下水井容易结冰,污水排放不顺畅。

在充分了解实际情况和居民诉求后,长辛店镇立即吹响民情哨,协调区水务局,并联合长辛店街道,对现场进行勘查,制定解决方案,启动了西峰寺污水修缮工程,铺设管道600余米,其中主管线330余米,入户支线300余米,可将该区域40余户居民家中的污水直接排入市政下水管道,真正做到污水户户可以排,污水户户方便排,切实解决了老百姓的烦心事,改善了此处的生活环境。下先手棋,打主动仗,长辛店镇结合镇综合执法中心日常巡查机制,坚持以群众需求为导向,主动发现问题,提前一步解决,实现未诉先办、主动作为。

"未诉先办"有两种主要表现形式,一是有关职能部门或单位针对民众密集投诉的问题、行业或区域,带着问题导向进行重点关注、重点下沉、重点摸排、重点检查、重点服务,从而找出依然存在的问题隐患,找出症结和原因,找出民众的痛点、难点、堵点,采取对应措施化解存量问题和矛盾,化解可能发生的新的投诉,即在民众有可能因为相关问题再投诉之前把问题处理好,减少民众对同类问题的投诉量。二是有关责任单位在履职过程中进一步延伸触角,提升监管或服务的灵敏度,能够在问题未真正形成前或矛盾未爆发前、民众未投诉前就主动捕捉到问题隐患、侵权风险、投诉苗头,及时进行预防、规范和化解,理顺有关权利义务关系,维护民众利益,"抢答"民众诉求。

从表面来看,"未诉先办"是监管关口、服务关口的前移,实际上,这是相关部门的法定职责、服务宗旨的应有之义。市场监管部门针对消费者投诉较多的食品安全问题,通过加强抽检、行政约谈、发布消费警示、责令下架、处罚等方式进行规范,扎紧监管的篱笆,降低同类问题的发生率,甚至杜绝问题再次发生,为消费者营造放心的消费环境,就是食品安全法等法律明确的监管职责。另外,很多项"未诉先办"也都能在法律或相关职责分工中找到依据。

"未诉先办"是"接诉即办"的升级版。"接诉即办"的主题是效率,"未诉先办"的主题则是责任。"接诉即办"是因诉而办、先诉后办,"未诉先办"则是超前办、主动办。有关部门或工作人员只有心里装着更多问题,装着更多民众利益,装着更多责任,才能有更强的"未诉先办"意识,才能付诸更多"未诉先办"的实际行动。

"未诉先办"不只是"接诉即办"衍生出的服务为民新方式,还是撬动基层治理大变革,促进服务理念转变和服务方式改变的新方式。"未诉先办"的核心就是主动服务,党员干部涵养主动服务的为民之心,丰富主动服务的方法经验,落实主动服务的主动作为,就能够对人民群众的矛盾问题抓早抓小,对社会安全隐患防患未然,对社会创新发展未雨绸缪,既居安思危又开拓进取。2020年上半年,在疫情防控常态化条件下,作为衡量民生工作的重要标尺,北京市"七有""五性"监测评价总指数同比提高6.1个点,安全性、公正性、宜居性等10个领域指数呈明显上升态势,百姓对"七有""五性"方面的新期待不断得到满足,群众获得感、幸福感、安全感进一步增强,主动治理、未诉先办成果初显。

三、经验总结

2019年10月31日中国共产党第十九届中央委员会第四次全体会议通过的《中共中央关于坚持和完善中国特色社会主义制度推进国家治理体系和治理能力现代化若干重大问题的决定》提出:聚焦群众急难愁盼问题,精准实施服务供给侧改革,完善基本公共服务体系,健全乡村服务惠民机制,加快社区服务供给体系建设等,更好地满足人民多层次多样化需求。

自2018年以来,北京市按照党的十九大坚持"以人民为中心",不断探索实践,贯彻落实"打造共建共治共享的社会治理格局,加强社会治理制度建设,完善党委领导、政府负责、社会协同、公众参与、法治保障的社会治理体制,提高社会治理社会化、法治化、智能化、专业化水平"的要求。

(一)持续发力,步步深入,对接群众需求实施服务供给侧改革

北京市陆续探索实施"吹哨报到""接诉即办""未诉先办"三大治理模式,以"七有""五性"监测指标为抓手,在各区探索党建引领的"力量下沉、多元共治""网格化+热线"及"新技术赋能"的多种治理手段,努力实现精治共治法治,在很大限度

上提高了城市治理能力及治理水平,提升了群众满意度。从"吹哨报到"到"接诉即办",再到"未诉先办",层层递进的城市治理模式恰好是实现群众"所求即所给、所给即所需"的有效路径。政府部门的服务管理从"吹哨报到"聚焦重点难点问题,到"接诉即办"群众身边无小事,再到"未诉先办"主动治理、源头防范,一方面不断完善群众需求的表达机制,以网格化管理为例:在"吹哨报到"阶段以网格员巡查为主、市民通(市民App、微信公众号等)为辅的问题发现机制,在"接诉即办"阶段的网格员巡查+群众热线诉求的问题发现机制,在"未诉先办"阶段的网格员巡查+群众热线诉求+新技术赋能的问题发现机制;另一方面不断完善群众需求的处理机制,在"吹哨报到"阶段以党建引领,让各类城市管理力量在街乡综合下沉、力量聚合,来解决长期挂账或难以解决的问题,在"接诉即办"阶段坚持"民有所呼、我有所应",形成大抓基层的鲜明导向,强化到基层一线、到群众身边解决问题的导向,畅通抓落实"最后一公里",在"未诉先办"阶段以社区、物业、政府等各类城市力量共治及利用新技术精准挖掘来主动解决基层问题。

(二)以点带面,同步推进各项配套工程

北京立足首都功能,以问题为导向、以服务民生为目标、以群众满意为标准,一年一个创新点,并以点带面,全方位构建基层治理体系,推进首都城市治理和治理能力现代化。从"吹哨报到"到"接诉即办",再到"未诉先办",随着各项改革举措的推进,2018年全面实施《北京城市总体规划》,开展疏解整治促提升专项工作,中心城区29个小区设立综合整治试点,1141条背街小巷完成环境整治提升,"一刻钟社区服务圈"城市社区覆盖率扩大到92%,开始优化营商环境三年行动计划,大力深化放管服改革,实施总结街道体制改革试点工作。

2019年初,北京市委市政府出台了《关于加强城市精细化管理工作的意见》和《关于加强新时代街道工作的意见》,从制度上落实了街道"大部制"改革、城市治理重心下移、资源下沉、加强基层建设的保障。2019年11月第十五届人民代表大会常务委员会第十六次会议通过《北京市街道办事处条例》,这是全国首个"街道办事处条例",明确将"接诉即办"职能落在街道;条例还规定:"街道办事处依法开展综合行政执法活动,区人民政府应当加强街道办事处综合行政执法队伍建设;街道办事处发现违法行为应当进行劝阻和制止,属于街道办事处职责范围的,应当及时查处;属于市、区人民政府工作部门职责范围的,应当通知有关部门予以查处;对涉及多部

门协同解决的事项，应当依托综合指挥平台组织协调市、区人民政府有关部门及其派出机构开展联合执法。"

2020年4月，北京市政府印发《关于向街道办事处和乡镇人民政府下放部分行政执法职权并实行综合执法的决定》，城管执法、生态环境、水务、农业、卫生健康5部门共下放职权431项，自7月1日起，相关行政执法职权下放至街道办事处和乡镇人民政府，并以其名义相对集中行使。明确赋予街道行政执法权，一方面是跟《关于深入推进城市执法体制改革改进城市管理工作的指导意见》（中发〔2015〕37号）中的推进综合执法、下移执法重心的要求一致，另一方面跟"吹哨报到""接诉即办"等城市治理模式相呼应，从体制上落实"七有""五性"需求。街道、乡镇作为与市民群众最接近的政府部门，从法律上赋予并明确了街道的地位、职责、权限，保障其在基层治理中充分发挥作用。多项工程的开展和多项措施的落实把首都城市治理体系的系统性建设推向深入。

（三）三类评价考核为城市治理体系建设保驾护航

一是"接诉即办"考核自上而下，纳入年度党组织书记抓基层党建述职评议考核和政府年度绩效考评，树立鲜明的到基层一线解决问题的工作导向。二是《北京市街道办事处条例》赋予街道、乡镇组织对区政府工作部门的自底向上评价的职权，依托综合指挥平台组织协调市、区人民政府有关部门及其派出机构开展联合执法，对部门报到"考核"。引导各级部门眼睛向下，进一步增强服务能力，方便群众办事。三是"七有""五性"监测评价指标体系，着重从老百姓视角发挥综合评价作用，推动政府各部门聚焦群众工作履职尽责，精细化地解决群众身边的问题。三类评价考核紧密贴近民生需求，以问题是否解决、群众是否满意为标准检验工作成效，促进、增加公共服务有效供给。

第二节 上海坚持"人民城市"理念,探索超大城市现代化治理模式

一、工作背景

探索社会治理模式,走出一条符合超大城市特点和规律的社会治理新路子,不仅是关系上海发展的大问题,也是习近平总书记交给上海的一项重要任务。早在2014年,习近平总书记在参加上海代表团审议时就指出,加强和创新社会治理,关键在体制创新核心是人,只有人与人和谐相处,社会才会安定有序。他同时强调,社会治理的重心必须落到城乡社区,尽可能把资源、服务、管理放到基层,使基层有职有权有物,更好为群众提供精准有效的服务和管理。在那一年,上海将"创新社会治理、加强基层建设"列为市委"一号课题","1+6"文件相继出台,上海在依托多年城市管理实践和经验的基础上,又开启了探索社会治理模式的征程。

二、经验做法

(一)2005年上海以推进网格化管理探索和实践城市综合管理新模式

根据上海市委、市政府的要求,上海城市网格化管理工作于2005年4月着手推进。鉴于现代化城市管理的系统性和整体性要求,推进工作从一开始就立足全市、统一规划、分步实施。

1. 发展历程(图1-7)

2005年至2008年为上海城市网格化管理统一规划建设阶段,实现了城市网格化管

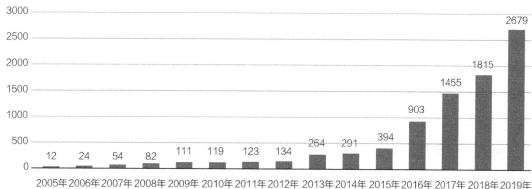

图1-7 历年案件量

理平台从无到有,1个市级平台和19个区县级平台历经四年陆续建成并投入使用,案件量也呈现出了逐年大幅上升的特征。

2009年至2013年为上海城市网格化管理平稳应用阶段,各区县管理部门还在适应和实践,案件量起伏不大,同时,网格化管理模式顺利在世博会期间发挥了城市管理日常保障作用。

2014年至2019年为上海城市网格化综合管理统一拓展建设阶段,依据上海市委、市政府"1+6"相关文件精神和要求,拓展建成了覆盖全市范围的上海城市网格化综合管理市、区、街镇三级管理平台和村居委工作站,基本建成非紧急类城市综合管理监督指挥体系。伴随着管理触角的拓展延伸,这个阶段的案件量也呈现出逐年井喷式的增长。

2. "4个明确+2个配套"的管理模式

上海实施城市网格化管理,其主要做法包括突出4个明确和2个配套。

(1)一是突出4个明确

明确管理范围。通过在地形图上划分单元网格和责任网格,使得原来不太明确的城市管理责任界限在直观精确的地理边界上被反映出来,管理范围被有效地确定。当前,上海城市网格化管理已经覆盖了全市16个区、215个街道镇,其中包括107个街道、106个镇、2个乡,另外还有若干个独立划分的工业区、开发区、管委会等区域。

明确管理内容。城市网格化管理涵盖公共设施、道路交通、环卫环保、园林绿化、其他设施五大类87种部件,城市化区域共计1500万余个;以及环卫市容、设施管理、突发事件、街面秩序、市场监管、小区管理、农村管理和街面治安八大类57种事件。部件是指城市大大小小的基础设施；事件是指城市管理中随机发生的事情。

明确管理标准。什么是城市管理的问题、部件损坏到什么程度、什么事件发生，要有规范化描述，这就是发现问题的标准；发现了问题，首先要明确由谁来处置解决，这就是问题处置的责任主体；而如何才算处理完毕、所花时间多少、解决的质量如何，也要有规范化描述，这就是处置问题的标准。上述标准需按照《上海市城市网格化综合管理标准》来执行。

明确管理流程。围绕明确的管理内容，从问题的发现到最后的解决，利用信息化系统流程，形成发现、立案、派遣、处置、核查、结案这一管理的闭合流程，使管理环节格式化、管理过程规范化，该流程可操作性强，减少了人为因素干扰，强化了管理质量的控制，如图1-8所示。

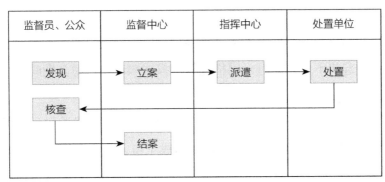

图1-8 处置流程

（2）二是突出2个配套

机构配套，就是建立专职的组织机构。依据《关于完善本市区（县）城市网格化管理体制机制的意见》（沪编〔2013〕277号），各区均成立了区城市网格化综合管理中心，直属于区政府，为正处级事业单位，具体承担城市网格化综合管理相关工作，在体制机制建设上提供了制度性保障。

技术配套，就是配备信息化技术手段。参照上海市工程建设规范——《城市网格化管理信息系统技术规范》（DG/TJ08—2115—2012），建成了上海城市网格化综合管理市、区、街镇三级管理信息化平台，并在全市范围内延伸建设了村居委工作终端，形成了以城市网格化管理信息系统为核心，与12345市民服务热线相衔接，与其他相关行业管理信息系统互联互通的城市综合管理信息平台。

综上，上海城市网格化管理自2005年实施以来，经过多年的实践，其集相关体制机制、管理标准和信息平台于一体的管理模式已日趋完善，基本建立了市、区、街镇相关城市管理、执法、监督、作业、服务等部门共同参与的网格化管理工作体系，基本形成了网格确定、内容明了、责任清晰、流程闭合的网格化管理标准体系，推动了城市管理领域各相关部门工作效能的提升，实现了城市常态长效管理的模式创新。

（二）2014年上海以贯彻落实"1+6"文件推进创新社会治理加强基层建设

1. "1+6"文件为上海城市治理体系和治理能力现代化奠定了坚实的基础

为深入贯彻落实党的十八大和十八届三中、四中全会精神，深入贯彻落实习近平总书记系列重要讲话精神，推进上海基层治理法治化，促进上海治理体系和治理能力现代化，上海市委、市政府在2014年相继出台了《关于进一步创新社会治理加强基层建设的意见》（沪委发〔2014〕14号）等"1+6"文件，对进一步创新社会治理、加强基层建设提出了明确的工作要求，为上海城市治理体系和治理能力现代化奠定了坚实的基础。

（1）创新社会治理、加强基层建设的时代背景

随着上海经济加快转型发展、人口总数大量增加、社会结构趋于多元、群众利益诉求复杂多样、信息传播方式深刻变化，传统社会管理面临严峻挑战。因此，为了推进传统社会管理向现代社会治理转变，努力走出一条符合中国国情、上海特点和现代社会治理规律的超大城市社会治理新路，上海深入贯彻落实习近平总书记系列重要讲话精神，牢牢把握社会治理的核心是人、重心在城乡社区、关键是体制创新的要求，坚持党委领导、政府主导、社会协同、公众参与、法治保障，坚持系统治理、依法治理、综合治理、源头治理，更多运用法治化、社会化、市场化、信息化方式，坚决破除体制机制弊端。

通过重心下移，进一步发挥街道、乡镇和居村在社会治理中的基层基础作用，把社会治理的重心落到城乡社区，充分利用城市网格化综合管理平台，尽可能将资源、服务和管理放到基层，理顺条块关系，加强综合保障，使基层有职有权有物，更好地为群众提供精准有效的服务和管理。

（2）体制创新是上海推进创新社会治理加强基层建设的关键

上海在推进创新社会治理、加强基层建设中牢牢把握习近平总书记的重要讲话精神，踏踏实实落实"关键是体制创新"的工作要求，相继出台相关文件，明确区、街

道、镇网格化综合管理中心的机构设置和职能定位,通过体制创新来加强基层建设,做实并强化区、街道、乡镇在城市综合管理中的统筹协调作用。以下文件是上海落实网格化管理工作体制创新的关键文件:

《关于完善本市区(县)城市网格化管理体制机制的意见》(沪编〔2013〕277号)明确了区网格中心的机构设置、职能配置和人员编制,为区级层面的体制机制建设提供了制度性保障。文中规范了机构设置:各区(县)要在现有城市网格化管理机构的基础上,统一设置区(县)城市网格化综合管理中心,为区(县)政府直属的全额拨款事业单位,机构规格相当于正处级;明确了职能配置:区(县)城市网格化综合管理中心是本区域开展综合性城市管理工作的实施主体,主要职责是:负责对责任网格内的部件和事件进行巡查,发现问题及时立案;负责受理12345等相关服务热线转送的市民举报投诉;负责将案件派遣至相关部门和单位进行处置,对案件处置进行协调和督办,对案件处置结果进行核查,符合处置结果要求的予以结案,并对案件处置情况进行评价;负责网格监督员的培训、考核等日常管理;负责管理信息系统的运行维护和相关数据的统计分析等;确定了人员编制:区(县)城市网格化综合管理中心事业编制由区(县)机构编制部门根据地域面积、管理内容、工作职责等情况进行核定,一般不少于20名,其中,设主任1名,副主任1~2名。

《关于进一步创新社会治理加强基层建设的意见》(沪委发〔2014〕14号)对"深化网格化管理,提升城市综合管理效能"提出了具体要求:完善体制机制。推进网格化与联动联勤融合,建立全市相对规范统一的城市网格化综合管理体制。依托城市网格化综合管理平台推动重心下移、力量下沉、权力下放,促进条块联动、条条协作。强化街道、乡镇在城市综合管理中的统筹协调作用,做实街道、乡镇城市网格化综合管理中心,建立以城管为骨干,公安为保障,市场监管、房管等相关职能部门派出机构、执法单位共同参与的联动工作机制和相对稳定的联勤队伍,增强对城市管理顽症的快速发现和处置能力。积极探索建立源头防控和治理机制,完善社会化发现监督机制,加大对问题发现和处置的督办和督查力度,提高城市网格化管理考核的科学性、有效性。推进城市网格化管理与居村民自治管理的衔接互动,夯实城市网格化管理基础。

《关于深化街镇体制改革有关问题的通知》(沪编〔2015〕69号)明确了街镇网格中心的设置要求,为街镇层面的体制机制建设提供了制度性保障。文中明确了街镇城市网格化综合管理中心为街镇所属事业单位,主要承担辖区内城市网格化管理的具体事务,核定不少于5名事业编制。

2. 依据"1+6"文件,上海不断深化网格化管理,提升城市综合管理效能

在多年实践的基础上,依据"1+6"文件,上海集相关体制机制、管理标准和信息平台于一体的城市网格化综合管理模式日趋成熟,并不断完善。

(1) 制度设计不断加强

2013年之后制定的网格化管理规范性文件主要有:

①《上海市城市网格化管理办法》(2013年市政府令第4号)作为上海网格化管理的"基本法",明确了加强城市管理、规范管理模式、整合管理资源、提高管理效能的具体要求。

②《关于完善本市区(县)城市网格化管理体制机制的意见》(沪编〔2013〕277号)明确了区网格中心的机构设置、职能配置和人员编制,为区级层面的体制机制建设提供了制度性保障。

③《关于进一步创新社会治理加强基层建设的意见》(沪委发〔2014〕14号)确立了网格化管理在城市综合管理中的重要地位,明确提出了加强网格化管理、提升城市综合管理效能的要求。

④《关于深化拓展网格化管理提升城市综合管理效能的实施意见》(沪委办发〔2014〕46号)明确了合理设置网格、健全组织架构、加强力量配置、完善运行机制等具体要求。

⑤《关于深化拓展城市网格化管理积极探索和推进城市综合管理的若干意见》(沪府发〔2014〕27号)明确了要进一步深化拓展管理内容、下沉延伸管理层级的发展方向。

⑥《关于深化街镇体制改革有关问题的通知》(沪编〔2015〕69号)明确了街镇网格中心的设置要求,为街镇层面的体制机制建设提供了制度性保障。

⑦《关于加强城市管理精细化工作的实施意见》(沪委发〔2017〕25号)、《贯彻落实〈关于加强本市城市管理精细化工作的实施意见〉三年行动计划(2018—2020年)》(沪委办发〔2018〕5号)要求进一步完善城市网格化管理体系,优化升级系统平台,提升城市管理智能化水平。

(2) 管理体系不断健全

上海城市网格化综合管理已形成了与"两级政府、三级管理"相适应的管理体制,主要包括市、区、街镇、居村四个层面。

①市级层面。成立了分管副市长任组长的推进领导小组，办公室设在市住房和城乡建设管理委员会。在上海市城市建设和交通发展研究院挂上海市数字化城市管理中心的牌子，作为市级城市网格化综合管理的具体工作机构。

②区级层面。各区均成立了直属于区政府的区城市网格化综合管理中心（正处级事业单位），具体承担辖区内的城市网格化综合管理工作，指导街镇网格化中心开展工作。

③街镇层面。均成立了职责、职数明确的街镇城市网格化综合管理中心，负责组织监督员及平台信息员对辖区内的网格化问题进行流转处置。目前，全市共有监督员九千余人，其中专职三千余人、兼职六千余人。

④居村层面。居村工作站是街镇中心的延伸终端，是居村信息上报的一个输入端口，对居民区范围内各类城市管理问题进行发现上报，将问题及时解决在萌芽阶段。

（3）管理内容不断拓展

上海于2009年编制了《上海市城市网格化管理标准》(2010版)，明确了部、事件的名称、问题描述、责任部门、处置时限等规范化要求，明晰了处置流程，形成了由发现、指挥、处理、反馈等环节有机衔接的闭合系统。2015年根据市委"1+6"文件深化拓展网格化的要求，工作内容调整为13大类144种小类，具体包括：部件类的公用设施、道路交通、环卫环保、园林绿化和其他设施5大类87小类；事件类的环卫市容、设施管理、突发事件、街面秩序、市场监管、小区管理、农村管理和街面治安8大类57小类，并在信息系统中录入了1500多万个部件信息。在区域上，从街面向住宅小区和农村地区延伸，逐步实现全市公共区域全覆盖；在领域上，从城市管理向市场监管、街面治安等领域拓展。各区又结合各自的实际和需求，拓展了个性化管理内容。

（4）信息平台不断完善

全市16个区的215个街镇以及部分具备社会管理功能的园区均建立了网格化信息平台。全市完整统一的信息系统让全市三级网格化管理平台的信息即时传递、数据可保存可分析，推动了部门工作效率和城市管理水平的提升。各级网格化系统实现了基础地理数据的共享，其内容主要包括电子地图、遥感图、责任网格、单元网格、部事件、地理编码等，做到了基础数据的统一采集、统一编码、统一管理、统一更新；还实现了与12345市民服务热线相衔接，与其他相关行业管理信息系统的互联互通；也实现了与其他外部系统之间，诸如公安部门的视频信息、110非警情等的信息共享。

（三）2020年上海以政务服务"一网通办"、城市运行"一网统管"两张网建设推进上海城市治理现代化

习近平总书记要求上海走出一条符合超大城市特点和规律的社会治理新路子，坚持"人民城市人民建、人民城市为人民"，要抓一些"牛鼻子"工作，不断提高社会主义现代化国际大都市治理能力和治理水平。上海作为世界观察中国的重要窗口，一定要努力将其打造成为我国城市的治理样板，向世界展现"中国之治"新境界。要坚持人民城市属性，既突出共享，又强调共建共治，加快探索一条具有中国特色、体现时代特征、彰显社会主义制度优势的超大城市治理之路，率先构建以经济治理、社会治理、城市治理统筹推进和系统集成为特点的治理体系，加强系统治理、依法治理、综合治理、源头治理。

为了践行"人民城市"重要理念，推动城市治理数字化转型，促进和保障城市运行"一网统管"建设，2022年5月24日上海市第十五届人民代表大会常务委员会第四十次会议通过了"关于进一步促进和保障城市运行'一网统管'建设的决定"，这份文件的出台将对提高上海"一网统管"工作的科学化、精细化、智能化水平，推进超大城市治理体系和治理能力现代化起到关键的制度保障作用。

1. 两张网建设是上海城市治理的"牛鼻子"工作

2020年4月13日，上海召开"一网通办""一网统管"工作推进大会，时任上海市委书记李强在会上强调，政务服务"一网通办"、城市运行"一网统管"是城市治理的"牛鼻子"工作，牵动着改革发展。

做好新冠肺炎疫情防控和经济社会发展工作，加快推进"一网通办""一网统管"两张网建设。"一网通办"要在更高效、更便捷、更精准上下功夫，"一网统管"要坚持"一屏观天下、一网管全城"，强化应用为要、管用为王，建强三级平台、五级应用，为实现"两手抓、两手硬、两手赢"提供强大支撑，为提高超大城市治理现代化水平作出更大贡献。

上海以"一网通办"来带动政务服务改进、推动营商环境优化，2020年是推进政务服务"一网通办"的第三个年头，对照最高标准、最好水平，加大改革攻坚，不断优化提升，让"一网通办"功能更强、体验更佳、口碑更好、品牌更响。要从"能办"向"好办"转变，加大环节精简和流程优化再造力度，强化跨部门协同和前台综合、后台整合，更好推动"高效办成一件事"。要从部门管理导向向用户体验导向转变，

进一步拓宽服务事项范围、畅通受理渠道，推动网上办、掌上办，强化"随申办"功能，提升在线办理率和全程网办率。要从被动服务向主动服务转变，做优个人主页和企业专属网页，加强和群众、企业的互动，提供定制化、个性化的政务服务，把企业专属网页打造成为企业掌握政策的平台、反映问题的通道。

2. 总体要求上，"一网统管"强化问题导向，坚持"应用为要、管用为王"

以习近平新时代中国特色社会主义思想为指导，以超大城市治理体系和治理能力现代化为方向，以探索世界一流城市治理模式"上海方案"为目标，**强化问题导向，坚持"应用为要、管用为王"，聚焦"高效处置一件事"，做到实战中管用、基层干部爱用、群众感到受用**。着眼"高效处置一件事"，理顺派单、协调、处置、监督的管理流程，推动一般常见问题及时处置、重大疑难问题有效解决、预防关口主动前移。着眼防范化解重大风险，聚焦最难啃的骨头、最突出的隐患、最明显的短板，加快研究开发务实管用的应用。着眼跨部门、跨层级协同联动，压实责任、强化协同，让推诿扯皮没有空间。要为基层减负增能，减少不必要的表格填写，让基层有更多时间和精力服务群众。

3. 体制机制上，依托三级城运中心，实体运作"一网统管"相关工作

市、区、街镇三级城市运行管理中心是"一网统管"的运作实体，各级城运中心要统筹管理本辖区内的城运事项，按照"三级平台、五级应用"的基本架构，坚持分层分类分级处置，坚持重心下移、资源下沉，推动各类事件处置、风险应对做到早发现、早预警、早研判、早处置，每一级为下一级赋能，上一级帮助下一级解决共性难题，对疑难杂症进行会诊会商，共同保障城市安全有序运行。

2020年上半年，上海市组建了"上海市城市运行管理中心"，设在市政府办公厅，负责拟订全市城市运行智能化管理战略和发展规划，研究制定标准规范，加强城市运行状态监测、分析和预警，健全分层分类指挥处置体系，统筹协调重大突发事件应急联动处置；同时，各区及各街镇也相继成立了区、街镇城市运行管理中心。区城市运行管理中心负责加强上下联通和资源整合，融合值班值守、应急联动、市民热线、网格管理等功能，提升区域城市运行日常管理和应急联动协调能力，提高城市运行综合管理事项的处置效率。乡镇、街道城市运行管理中心负责加强一线协调处置能力，依托基层综合执法、联勤联动机制，协调处置基层治理中的具体问题。有条件的乡镇、街道城市运行管理机构可以下设城市运行工作站。

原有的区、街镇城市网格化综合管理中心都隶属于区政府和街镇政府，机构调整

采用的普遍做法是依托网格中心设立城运中心，多个牌子一个班子，并调整增加职能、增配编制人数。

4. 平台建设上，"一网统管"坚持"一屏观天下、一网管全城"的目标定位

上海推进"一网统管"建设，以"一屏观天下、一网管全城"为目标，坚持科技之智与规则之治、人民之力相结合，构建系统完善的城市运行管理服务体系，实现数字化呈现、智能化管理、智慧化预防，聚焦高效处置一件事，做到早发现、早预警、早研判、早处置，不断提升城市治理效能。

运用大数据、云计算、物联网、区块链、人工智能等现代信息技术，建设"一网统管"平台，由城市运行管理机构负责规划建设和运行维护，整合部门业务系统，实现数据规范采集、标准统一、实时更新、互联互通，为及时精准发现问题、对接需求、研判形势、预防风险和有效处置问题提供支撑。

按照"一网统管"建设要求和相关技术标准，依托大数据资源平台，加强公共数据的归集和共享，及时动态更新，保证数据准确性，提高数据质量。鼓励企业、电子商务平台等市场主体参与"一网统管"应用场景开发建设，加强数据共享，为"一网统管"建设提供技术、数据等支持。在突发事件应急状态下，有关企业、电子商务平台等市场主体应当配合政府依法采取的应急处置措施，提供必需的数据支持，共同维护城市运行安全。

三、实践案例

（一）徐汇区城市运行"一网统管"先行区探索实践（图1-9）

为贯彻落实中央、上海市委和市政府关于城市运行"一网统管"工作要求，徐汇区主动跨前、锐意创新，以群众需求为中心，以条块协同为基础，以现代技术为手段，推动城市运行机制互融、数据互联、资源统筹，积极打造"一网统管"先行区，提出以"六个先行"（理念先行、体制先行、体系先行、技术先行、实战先行、队伍先行）为牵引，切实提升城区治理体系和治理能力现代化水平。依托全区首席数据官队伍，推进数据共享开放和开发利用工作，落实数据深度融合和应用场景创新，并结合数据资源和业务应用基础与特点，开展特色数据应用场景探索，探索首席数据官工作机制在城市治理数字化转型工作中的数据支撑、实战协同和高效联动。

图1-9 上海市徐汇区城市运行中心

1. 理念体制先行,以改革思维引领城市治理现代化

(1) 三个转变,突破思维定势

一是从以政府管理为中心向以群众需求为中心转变。坚持从群众需求和城市治理突出问题出发,主动转变视角,从"管理者"转向"服务者",从政府管理转向用户体验,当好城市治理的"清道夫"。二是从以条为主的专业管理向以块为主的综合治理转变。主动跳出政府各自为战的"小视野",形成条条协同、条块联动、政社互动的"大格局",由条思维转向块思维,由专业管理转向综合治理,共同处理复杂的城市治理问题。三是从传统的人海战术向现代的人机协同转变。充分运用大数据、云计算、物联网、人工智能等新技术,构建物联感知发现、数据分析研判、人机协同处置的闭环全流程,让人力围着算力转,提升城市治理能级。

(2) 市区联动,创新治理格局

对照"三级平台"基本架构,结合基层原创成果,分层分类分级推动"一网统管"建设。打造具有徐汇特色的"一梁四柱"区级平台,"一梁"即在区城运中心的统筹协调下,区行政服务中心、区城市网格化综合管理中心、区大数据中心"三位一体"运行,做到行政服务中心在前端推进政府改革精简化、城市网格化综合管理中心在中端推进城市管理精细化、大数据中心在后端推进数据支撑精准化;"四柱"即大平安、大建管、大市场、大民生四大城市治理领域深化应用;充分发挥区级平台枢纽、支撑功能,加快13个街镇城运中心升级改造,优化协同处置流程,强化联勤联动实效,及时妥善处置城市治理的具体问题。对照"五级应用"功能布局,着力打造区、街镇、网格、社区(楼宇)层面应用系统,已先后推出热线研判、营商服务、平安指数、社会救助等20个应用场景,并根据实际需求深化递增,如图1-10所示。

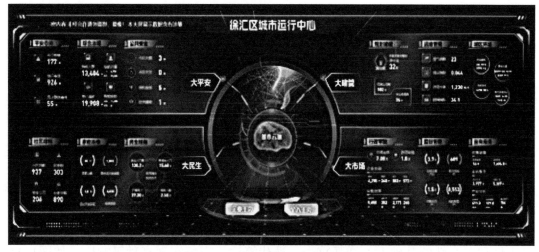

图1-10　徐汇区城市运行中心平台

（3）平战结合，升级指挥机制

建立区城市运行中心、区应急联动指挥中心"平战联动"工作机制，确保城市运行实现全天候、全方位、全流程管理。在平时，依托区城市运行中心推动网格管理、12345市民服务热线、平安综治、市场监管、建设管理、民生服务等多领域的数据汇聚、业务协同以及实战应用，做实做强日常运维管理服务。2019年，12345市民热线办理综合考评徐汇区排名全市第一，下半年处置满意度较上半年提升12%。在战时，依托区应急联动指挥中心推动值班值守、安全生产、防汛防台、公共卫生、轨道交通等多业务的功能整合、联勤联动及应急处置，实现7×24小时应急响应。

2. 体系技术先行，以科技创新驱动城市治理智能化

（1）深化"一屏观天下"

重塑区级城运中心指挥大厅，升级城运平台数控大屏，同步联通综合屏、专业屏和PC屏，打造集专业研判、高效协同、综合决策于一体的城市运维"决策舱"。聚合大平安的"平安态势、综合治理、公共安全"，大建管的"规划建设、运维管理、城区环境"，大市场的"行政审批、监督管理、营商服务"，大民生的"社区建档、家庭画像、民生服务"12个维度、2600多个城市运行体征，以数字化方式呈现城区全景，为科学决策提供重要支撑。

（2）落实"一网管全城"

全面落实政务信息系统、政务服务移动端和业务专网"三整合"要求，开展全区300多个系统、88个移动应用、5个部门专网整合，构建全区性大系统、大平台。坚

持双链路、高保障的光纤环网架构,实现业务专网、政务外网、公安图像网互联互通、应并尽并。加强基层感知"神经元"建设,全区部署视频探头、社区门禁、智能感知等近2.5万个,推动公安、小区等各路视频联网共享,不断提升响应速度和处理效率。

(3)探索"一云汇数据"

纵向加快市级六大基础数据库落地,横向对接各委办局、街镇特色应用库资源,同步深化城市运行领域主题库建设,形成统一的数据建设标准、数据交换规则、数据治理体系和GIS地图,目前已归集数据4.6亿条,总数据量近11PB。依托区域人工智能产业优势,与行业领军企业深度合作,大力推进"城市云脑"建设,在确保应用开发自主性和安全性的基础上,增强算力、迭代算法,力争实现毫秒级响应,如图1-11所示。疫情防控期间,依托"一网统管"平台,开发"汇治理"疫情防控系统,上线13个功能模块,汇总各部门疫情数据近300万条,切实为基层减负增能。

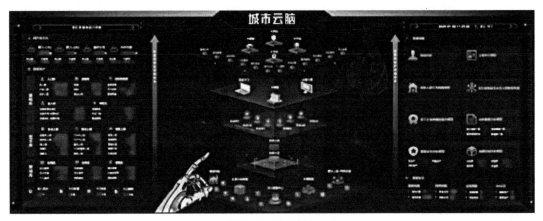

图1-11 城市云脑

(4)促进"一人通全岗"

聚焦"人"这一核心要素,以"两集中"改革为抓手,构建"前线主战主防、后方主建主援"的一体化大联勤格局。街镇层面,推动12支部门队伍向网格单元集中,促进2000多名基层处置人员从"专岗"到"通岗",实现精准高效的综合发现、综合处置。区级层面,推动四大领域17位首席信息官和首席数据分析师向网格中心集中,促进专业部门从"后台"到"中台",实现协同联动的专业研发、专业支援。

3. 实战队伍先行，以落地应用促进城市治理精细化

（1）网格管理更严密

以制度规范做实网格管理，在市级178项网格管理标准的基础上，拓展28项个性化管理标准，优化标准类、线索类、快速类、自动类4类派单流程，构建物联感知发现、数据分析研判、人机协同处置的流程闭环，提升智能化派单水平，增强基层干部通过网格化解风险、解决问题的能力，如图1-12所示。比如，上海市徐汇区田林街道通过8个维度、40个二级指标设置"平安指数"应用，做强做实风险防范，智能预警指数较低点位，分析原因、源头预防，及时有效把风险化解于萌芽。再如，徐汇区徐家汇街道推进智慧楼宇建设，实时掌握属地企业的经营情况，精准匹配营商服务和政策供给，做到有求必应、无事不扰。

图1-12　处置中心

（2）移动应用更便捷

统一移动端入口，对内，城市运行公共管理与应急指挥统一采用政务微信，对外，公共服务入口统一向"汇治理"集成，系统整合区、街镇移动端应用，做到一目了然、便捷直达。疫情防控期间，依托"汇治理"疫情防控系统，深入挖掘运用人口库、法人库、地理信息库以及"随申码"、门磁报警、入境护航等数据资源，赋能联防联控和营商服务，累计注册人数45.3万人，访问次数9023万次，助力112万人次预约购买口罩，支持2.1万家企业、8000多家商铺、169家工地复工复产复市，如图1-13所示。

图1-13 移动端

（3）队伍建设更有力

推动行政执法力量下沉，由街镇统一指挥协调，配备手持终端、个体防护等执法执勤装备，增加高清远程摄录仪、现场执法记录仪等专业设备，提升问题发现和处置能力。深化社区工作者职业体系建设，合理设置岗位等级序列，依照统一的管理标准、业务流程、考核办法制度化运行，打造"一专多能、全岗都通"的基层管理队伍。聘用多层次综合咨询团队，组建5G、大数据、云计算、物联网、人工智能等领域专业咨询委员会，优选业内专家建言献策，确保"一网统管"先行区建设可持续发展，如图1-14所示。

政务服务"一网通办"和城市运行"一网统管"都是高效、精准、智慧的城市治理体系中的关键环节，强调的都是数据汇集、系统集成、联勤联动、共享开放。徐汇区城市治理的探索者感到"一网通办"和"一网统管"最终将走向融合的"一网通治"，从"两张网"成为"一张网"。徐汇区围绕"高效处置一件事"，突出全域感知、

图1-14 网格化管理

全息智研、全程协同、全时响应,构建起"一梁四柱"架构,形成"大建管""大平安""大市场""大民生"四大智能化治理应用体系,推出了社区防疫、复工复产、防汛防台、精准救助、12345热线、片区化治理、居村微平台等37个应用场景。通过应用实时在线数据和各类智能方法,及时、精准地发现问题、对接需求、研判形势、预防风险,在最低层级、最早时间,以相对最小成本,解决最突出问题,取得最佳综合效应,实现线上线下协同高效处置一件事,创新打造"一屏观全域、一网管全城、一云汇数据、一人通全岗"城市精细治理样板。其中,精准救助场景获得国务院第七次大督查通报表扬,"居村微平台"场景应用入选2021年度城市数字化建设优秀案例。

4."一网统管"智能化场景案例介绍

(1)一网统管——大民生板块精准救助场景

上海市徐汇区民政局根据推进政府服务"一网通办"、城市运行"一网统管"的工作要求,坚持从困难家庭的实际需求出发,精心打造大民生板块精准救助场景,开启"一网统管+精准救助"工作模式,极大提高了社会救助服务能级。

①运用民生数据,精准识别"沉默的少数"

徐汇区"一网统管"的精准救助场景汇聚了民政、人社、残联、医保等14个条线、1600万条民生数据,为家庭和个人打上45类标签,形成了大民生数据池。通过对一项或多项民生体征标签进行勾选,构建困境家庭致困精算公式,智能发现困难群众中"沉默的少数",并通过系统自动派单给社区工作者,把救助政策主动送到居民家中,把救助服务做到百姓开口之前。

小杰小朋友父母重残,因人户分离,居委社工在日常走访中没能识别出孩子可以享受困境儿童基本生活费保障政策。民生大数据智能分析发现后,社区工作者主动上门服务,宣传政策,目前,孩子已被纳入了相应的保障性政策范围。通过"一网统管"精准救助场景开发应用,徐汇区已发现了7户像小杰家庭这样"沉默的少数",并全部跟踪走访,将其纳入困境儿童基本生活保障范围。

②对接居民需求,精准施策家庭解困计划

通过"一网统管"精准救助场景智能发现、主动发现、被动发现的困难群众,均实现居民区干部上门了解家庭实际状况,倾听困难家庭实际需求。受疫情影响,今年应届大学生就业形势异常严峻。如何保证低保家庭基本生活不受疫情影响,除了按时足额发放最低生活保障金和价格临时补贴,保障好低保人员的基本生活外,更要为困难家庭增强造血能力,助力家庭成员就业返岗,真正实现脱贫解困。

"一网统管"精准救助场景把低保家庭应届大学生就业帮扶作为重要应用纳入其中。通过低保数据库、公安人口数据库，并叠加其他相关参数量，进行智能搜索，发现50多名低保家庭应届大学生，并按照"一人一案"服务机制，依托社区就业援助体系，提供"家门口"、全方位的就业服务，帮助困难家庭大学生树立求职信心，顺利就业。

③网格协同处置，精准管理救助急难个案

徐汇区通过"一网统管+精准救助"工作模式，将大数据主动发现的救助政策覆盖以外的困难群众，以及通过社区事务服务中心和12345热线被动发现的求助居民，全部纳入网格运行平台，实现社会救助服务事项进入网格处置流程，大大缩短了工作流程和工作时长。

田林街道社工在走访居民过程中了解到，辖区居民罗某今年6月被诊断为骨髓增生异常综合征，医疗支出巨大，因不符合支出型贫困政策条件而无法享受医疗救助政策，但医疗支出的确对家庭造成了一定的压力，街道决定将其纳入本年度节日帮困范围，缓解家庭困境。

④初构精算模型，精准分析家庭致困因素

精准救助场景初步构建了多维困境家庭救助需求分析模型，对困境家庭生活、健康、就业、教育等7个维度22个指标进行综合分析，评估家庭困境程度，并通过推进徐汇区社会救助"ABC发展计划"，平衡救助政策资源、服务资源、人力资源，动员社会力量、慈善力量参与困难家庭的救助帮扶，为困难家庭制定个性化帮扶计划，实施个性化的救助关怀措施。

疫情期间，徐汇区凌云街道社工通过主动走访了解到，80岁的胡某是一名退役军人，患渐冻症，长期卧床，需24小时照护。该个案进入精准救助场景后，民政、街道、居委协同处置，安排"社区救助顾问"上门走访，街道根据该家庭的困难情况以及疫情期间的救助需求，对该家庭发放了疫情期间的临时救助，同时提供买菜、送药及心理疏解等综合服务。

徐汇区"一网统管+精准救助"场景通过技术和业务四个环节的逻辑融合，即"精算模型——智能发现，汇治理移动端——上门核实，网格平台——协同处置，个性帮扶——建档立卡"，形成线上线下的工作闭环，实现社会救助方式的精准化、智能化和高效化。

（2）一网统管——大市场板块精准营商场景

打开上海市徐汇区徐家汇街道"一网统管"的精准营商模块，一家企业经系统研判，被自动推送至街道服务工作人员走访名单。街道营商人员立即上门，了解了企业发展的瓶颈问题，主动对接有关政策，企业诉求在第一时间得到了解决。这一算法预判模型由徐家汇街道在徐汇区商务委和市场监管局的指导下自主研发，包含政策到期、舆情监控、租约到期、税收异动等近十个指标，已经作为日常应用并迭代至3.0版本，该算法预判模型也是这里率先探索的"大市场"精准营商的重要子集。

通过大走访，徐家汇街道城运中心摸清企业"家底"，将辖区内67栋楼宇（园区）、10381家企业纳入"一网统管"，实现企业一户一档、精准画像，营商政策个性化推送，企业诉求闭环反馈，经营异动自动预警。街道针对性根据地址搬迁、人才落户、政策续约等个性化高频事项，进行细致的场景设置。点击楼宇载体板块，辖区内67栋楼宇（园区）的空置面积、租金范围、联系方式等数据一月一更新，全貌展现在"一网统管"系统中。街道工作人员、企业都可以通过微信，实时精准匹配。

企业日常遇到的问题千头万绪，但梳理下来可以被分为营商、党建、监管、平安消防等5大类22小项的诉求。工作人员在走访中发现的问题，可以通过徐汇全区统一的"汇治理"微信端小程序，第一时间录入系统，生成工单，由相关人员接单解决，及时办结。每个事项都根据法律规章，确立标准化流程和响应时间，做到"无事不扰，有求必应"。有了统一的入口和流程，才能更加规范化、精准化地进行政策扶持，形成楼宇网格的闭环化管理，一户一策匹配需求，将各类扶持政策进行分类，企业属于哪一领域，它所适用的政策就会自动置顶显示。

看似是一张线上"大网"，实际上是背后凝聚了从网格员到物业管理人员，从街道营商办到楼宇小组长等众多的线下"支持"。从基层的需求出发设置场景，物业等人员愿意上传真实数据，治理才有了基础，将"上面千根线，下面一根针"升级为"上面千根线，下面千根针"。

（二）闵行区梅陇镇城市运行"一网统管"探索实践

梅陇镇位于上海市闵行区的东部，东邻徐汇区，与两区8个街镇相接，区域面积约28.07平方公里，实有总人口30.96万人，户籍人口12.96万人，来沪人口13.89万人，人口密度11029人/平方公里。辖有15个行政村、9个镇级公司（含改制村）、64个居委（118个小区）、26家事业单位及内设机构。全镇从北到南呈现出高度城市化——城乡结合——农村的城市体征。

2015年10月,原梅陇镇大联动办公室机构调整为梅陇镇城市网格化综合管理中心,由镇党委副书记担任中心主任。经过多年探索,梅陇镇现已建立联勤联动联席会议、疑难案件协调会、书记例会、通报追责等机制,有效提升了网格事件处置效率;在闵行区网格中心的关心指导下,构建了城市网格精细化管理平台,通过一个基于网格化管理的数据平台,形成前端发现到长效管控的闭环,达到智能化精准施策的目的。

2020年9月,镇班子领导牵头抓总,坚持党建联盟引领,成立梅陇镇城市运行工作领导小组,并在网格中心的基础上成立了梅陇镇城市运行管理中心,构建"城运中心—处置网格—自治网格"三级工作架构,形成相关职能部门共同参与、信息沟通及时、队伍集合快速、协调配合顺畅、案件处置高效的工作格局。镇城运中心(网格中心)现有工作人员25人,全镇网格巡查员1230人,24个职能部门下沉人员共计265人。同时,城运中心(网格中心)、城管中队、综治办、环保办、人口办、房管办、司法所等社会治理相关职能部门合署办公。在探索和践行城市运行"一网统管"的过程中,梅陇镇主要从以下五个管理举措着手:

1. 网格划分更精细

为改变过往因网格划分不够精细而造成的主体归属混乱、管理职责不清晰、管理措施难落实等现象,梅陇镇对全镇网格进行顶层再规划。按照"谁主管谁负责,谁得益谁负责,谁有效谁负责"的原则,精细划分网格。现已完成划分,共有192个责任网格,其中包含64个居委网格、15个村委网格、15个拓展网格、98个街面网格,在全镇范围做到纵向层级有归属、横向地域无盲点。

居委网格以居委管理范围、小区红线为划分依据,为强调城建中心的责任,将其作为居委网格的上级责任网格,对各居委网格化管理工作起指导、监督等作用。村委网格以村民委员会管理范围及资产归属为划分依据,并按村民小组及资产类型细化至责任块(楼宇、重点企业等)。街面网格改变以往由北至南粗放切分为五大块的模式,以镇域范围全路段为划分依据,将全镇96条道路加2座天桥作为责任网格。拓展责任网格则以行业类型、功能属性为划分依据,将拓展网格按主体属性归类划分为企业、教育、医疗、绿地、水系等12类,形成专业网格概念。在同一主体属性归类下按照单位主体、具体点位细化至责任块。

2. 数据采集更丰富

运用信息化手段丰富数据采集领域,实时采集、动态录入,实现前端即时维护,常态监管，形成一套可整合、可共享、可运用的网格基础数据库。根据管理需要，各类网格在市网格规范的公共设施、道路交通、环卫环保、园林绿化4大类87类部件的基础上，拓展信息采集区域和类型。如部件信息采集进农村、进小区，街面网格形成部件及沿街商铺信息数据库，居委网格补充小区物业、业委会、人员结构信息等，拓展网格采集企业信息、安全生产、环保监督情况等信息。

目前，已采集沿街商铺信息2000余条，各商铺均有一数据标签，涵盖其实际经营、房屋产权、底板问题等信息。沿街商铺根据街面网格管理需求，按经营内容分为23类，最重要的是，明确商铺所属责任网格，杜绝网格管理缝隙。

基于该数据库，户外招牌"一店一档"信息数据实现共享，各级责任人明确，为落实户外招牌动态全过程管理奠定基础；垃圾分类按图索骥，分类推进，全镇餐厨垃圾从原先不足10吨/天，翻倍达到18吨/天，超额完成餐厨垃圾收集指标。

为了探索共享单车日常管理长效机制，率先对南方商圈及周边主干道停车点进行科学编码。已在40条道路上设置679个停放点位，可容纳10970辆单车。形成单车容量数据库，将其纳入城市精细网格管理，实现企业精准投放、群众精准停放、政府精准监管。

3. 力量配备更精准

根据四类网格管理要素，按不同管控标准，对网格巡查力量做精细化对应配置，做到"格中有人""多级监督"。在街面网格，按道路路长、沿街店铺数、部件数、重要点位数等要素，设置巡查岗位，共配置街面网格巡查员238名。同时，将公安、安监、城管等24个职能部门人员整合到网格中，定岗、定人、定时、定责，作为网格共治力量，交由网格统一指挥。这一做法增强了基层网格自治力量，形成条块结合、专常兼备、线上线下深度融合的自治共治机制，也实现了社情民意在网格中掌握、惠民服务在网格中开展、问题矛盾在网格中解决。

在各街面网格责任段设置巡更二维码。一是作为街面网格环卫、绿化及市政养护单位巡更点，作业组长通过定制App扫码巡更，并就作业情况形成日志台账。二是作为网格巡查员签到点，巡查员应每隔一小时通过App扫码签到。管理员通过签到情况，结合巡查轨迹对巡查员进行考勤评价。三是网格巡查员对标《梅陇镇街面网格作业养护事项评价指标》，对其责任段内环卫、绿化、市政养护作业情况进行评价打分。未打满分事项，分别对应不同的流程，或提交照片上报平台流转案件，或自行处置抄告管理部门。以上评价及相关案件，形成数据分析，为管理部门绩效考评提供依据。

4. 目标责任更明晰

梅陇镇打破网格联动体制壁垒，多元化构建社会协同和公众参与网格治理的渠道，充分发挥社会主体积极性，推动形成政府治理和社会调节、居民自治的良性互动。

在街面网格按路段设定网格后，形成以分管镇长为总路长、网格中心执行主任及城管工作站站长为网格长、50名督查员为路长、238名巡查员及N个路管会为自治组织的"五级治理"模式。路管会是各路段沿街商户及周边商圈商户共同组成的自律组织，通过自律联包、信息共享、联勤联动等制度，成为各商户与管理单位联系的桥梁和纽带，是实现道路整洁、门前有序、立面规范的重要组成部分。为完善路管会机制，制定沿街商铺评价标准，由路长和路管会对商铺进行打分，结合职能部门日常考评、平台投诉情况，每季度形成沿街商铺红黑榜。目前，梅陇镇已在银都路、古美西路等5条条件成熟路段成立"路管会"，对成员商户起到有效的引导和管理作用。

以干净整洁、绿化优美、设施完善、井然有序、门责自治为目标，明确街面网格管理内容、标准及责任归属，量化、细化、可操作化评价体系，对街面网格各要素实现全覆盖、全过程、全天候管理，试点在沪闵路以北区域落实街面网格市容、环卫、绿化、水务"四位一体"模式，以街面网格精细化标准为目标责任，实现街面网格管养、作业、巡检一体化，综合、高效处理街面事务。

2015年的大联动体制机制是将主体责任传导至体制内的神经末梢，即村居委书记。经过三年的实践和总结，下一步的城市治理应积极探索对企业主体责任的压力传递。如：居委网格借助红色物业的建设和《住宅小区建设"美丽家园"三年行动计划（2018—2020）实施意见》中的相关考核机制，试行以居委向物业派单的四级"微循环"机制，让政府对物业的隐性支持显性化，实现先自治再共治的机制运行改革，定期统计试点小区物业的市民满意率，以客观数据倒逼物业提升服务质量；拓展网格则由职能部门向责任主体派单，如向学校派单，招商中心向商家、园区派单等，进一步提高各类企业的社会责任意识。

5. 智能辅助更高效

梅陇镇坚持问题导向和效果导向，立足"公共管理、公共服务、公共卫生、公共安全"四大领域，打造城市日常管理、应急联动、指挥分级响应模式，实现平时联席管理、战时条线指挥的平战融合机制，构建了城市运行管理平台，初步实现了一平台运行、一体化指挥。平台结合梅陇镇实际，设置了今日梅陇、党建服务、网格化管理、应急管理、市场监管、平安梅陇六大专题。结合"网格化+"模式，形成智能感知、垃圾治理、水环境治理、街面秩序治理、社区治理等子板块。

推动网格精细化管理与大数据智能化应用相融合。一是建设从社会自治组织到管理层的各级移动端工作平台；二是对于网格中存在的顽症问题，引入智能感知手段进行解决。目前，分别在居、村、拓展、街面网格创新探索高空抛物、可疑群租、虚拟围栏报警、智慧车闸、消防传感监测、智慧电梯管理、违规占道、跨门经营等智能辅助场景模式的应用。智能感知技术通过对视频画面采取时空分割、特征提取、对象识别等处理手段，将异常信息通过指令发送到网格平台，按不同事项分类流转。帮助管理者在公共安全、公共秩序、公共环境等领域，将有限时间巡查变为全天候巡查，将有限区域巡查变为全覆盖巡查。

梅陇镇正在将城市网格化管理信息系统进一步打造升级为涵盖城市综合管理各领域、各层级的综合性信息平台，实现集前端管理中心、信息汇聚中心、监督指挥中心、联动联勤中心、数据共享中心为一体的城市运行综合管理平台。

下一步，梅陇镇将继续采取"打造样板、积累经验、逐步推行"的办法，补齐短板、拉长长板、筑牢底板，以点带面、统筹推进，下苦功夫绣出梅陇镇城市管理精细化品牌。

第三节　昆明网格化管理融入城市治理现代化

一、工作背景与发展历程

1. 工作背景

城市治理现代化是一个全新概念，是推进国家治理体系和治理能力现代化的重要内容。党的十九大报告中指出"打造共建、共治、共享的社会治理格局""提高社会治理社会化、法治化、智能化、专业化"，为新时代社会治理指明了方向。2019年11月习近平总书记在上海考察时指出，城市治理是推进国家治理体系和治理能力现代化的重要内容。衣食住行、教育就业、医疗养老、文化体育、生活环境、社会秩序等方面都体现着城市管理水平和服务质量。习近平总书记强调，要深入学习贯彻党的十九届四中全会精神，提高城市治理现代化水平。

城市治理是以实现和维护群众利益为核心，多元主体参与共建、共治、共享，协调解决城市问题，提升公共服务效能，持续推进城市和谐有序发展的过程。城市治理体系是国家治理体系的重要基石，是一项复杂的社会系统工程，是一个常态化、精细化、智能化、社会化的项目。

随着我国城镇化快速发展，城市规模不断扩大，建设水平逐步提高，城市健康运行的保障任务日趋繁重，加强和改善城市管理的需求日益迫切，城市治理课题研究和实践应用逐步实施。近几年，我国许多城市陆续开展了城市治理工作的探索，昆明市也在推进城市治理方面做了大量有益尝试，积累了丰富的实践经验，取得了一定的成效，形成了具有时代特征和鲜明特色的昆明城市治理案例，希望这一研究成果，能为其他城市推进城市治理工作提供实战经验和范式参考。

2. 发展历程

根据《昆明市机构编制委员会关于昆明市数字化城市管理办公室人员编制等有关问题批复》（昆编〔2008〕61号）、《关于成立昆明市数字化城市管理办公室的批复》（昆编〔2008〕42号）文件精神，昆明市数字化城市管理办公室于2008年正式成立，为正县级全额拨款事业单位，隶属于昆明市城市管理局，核定人员编制10人。昆明市数字化城市管理办公室成立以来，以习近平新时代中国特色社会主义思想为指导，深入贯彻学习党的十八大、十九大和十九届四中、五中全会精神，以及习近平总书记云南考察重要讲话精神，结合市委市政府重点工作安排部署，从昆明实际出发，积极探索网格化综合管理发展路径，积累了宝贵的实践经验，推动了城市管理——网格化管理——城市治理现代化迈进的步伐。

昆明市城市网格化管理工作发展分为三个阶段，第一阶段为网格化管理工作起步阶段（2008—2017年），暨数字化城市管理阶段，研建了昆明市数字化城市管理系统，搭建了数字化城市管理市、区两级数字化城市管理监督指挥平台，构建了市、区两级监督机制，建立了数字化城市管理案件指挥、派遣、核查、处置、考核闭环流程，明确了数字化城市管理部、事件立结案标准。2010年经昆明市政府167次常务会议通过，昆明市人民政府下发了《昆明市人民政府关于印发昆明市城市综合管理考核办法的通知》（昆政发〔2010〕85号），对昆明市14个县（市）区政府、3个开发（度假）区管委会，全面开展了城市综合管理考核，为下一步网格化综合管理工作的开展打下基础。

第二阶段为网格化管理工作提升阶段（2017—2019年），昆明市委、市政府非常关心重视昆明市网格化综合监督指挥中心的发展，为加强市级统筹协调、区级组织领导，全面提升昆明市网格化管理水平，昆明市委主要领导2018年两次亲临网格化综合监督指挥中心检查指导工作，昆明市机构编制委员会连续三次对昆明市数字城管机构编制进行调整，2017年3月印发了《昆明市机构编制委员会关于调整昆明市数字化城市管理办公室机构编制有关事项的批复》（昆编复〔2017〕15号），将人员编制由原来的10人调整为31人；2017年8月印发了《昆明市机构编制委员会关于昆明市及主城八区网格化监督指挥机构设置等相关事项的批复》（昆编复〔2017〕35号），批准成立昆明市网格化监督指挥中心，在主城八区设立网格分中心；2018年2月印发了《昆明市机构编制委员会关于调整昆明市网格化监督指挥机构设置的批复》，将机构名称调整为昆明市网格化综合监督指挥中心。

机构编制调整后，昆明市网格中心的作用更加宽广，监督范围不断扩大，职能职责逐步拓展。随着区级平台编制内人员陆续到位，办公地点基本确定，工作经费逐步落实，昆明市在建成区范围内进行了初步网格划分，进一步完善市、区、街道三级网格化综合管理平台，社区平台在积极建设中；网格案件四级派遣框架基本搭建完毕，四类案件处置机制初步建立，网格化管理内容范围逐步扩展；2017年研制了昆明市城市网格化管理考核指标体系，市政府办印发了《关于印发昆明市主城区城市管理网格化工作考核实施方案的通知》（昆政办〔2017〕150号），逐步开展主城八区城市网格化管理考核工作。2018年5月市政府办印发了《昆明市城市网格化综合考核办法》（昆政办〔2019〕63号），成功将城管网格化管理考核与第三方考核评价结合，网格化管理综合考核在主城八区全面开展，考核结果得到充分运用，网格化综合管理工作取得初步成效。

第三阶段为网格化管理发展阶段（2019年至今），网格化综合管理工作向城市治理方向推进，进入全新的发展阶段。为进一步理顺机制体制，充分发挥昆明市网格化监督指挥中心在昆明市社会经济中的重要枢纽作用，2019年3月昆明市委编制委员会下发了《中共昆明市委编制委员会办公室关于昆明市人民政府办公室所属事业单位转隶调整的通知》，调整隶属关系，昆明市网格化综合监督指挥中心由市政府办公室直接管理，如图1-15所示。市网格中心监管内容进一步拓展，职责边界进一步扩大，管理手段进一步优化，管理体系进一步完善，管理能力进一步提升。昆明市坚持以人民为中心的理念，依托网格化综合管理平台，以城市治理现代化重要思想为引领，以网格化综合管理标准为依据，以前沿科技先进技术为助力，以网格化综合考核为手段，明责赋权，重心下沉基层，进一步完善市、区、街道、社区、网格五级网格化管

图1-15 昆明市网格化监督指挥中心

理监督体系、网格化管理考核体系和卫星遥感监测应用体系；全面建设五级网格监督处置机制，建立了"1+5+X"网格化监督管理机制，"接诉即办、未诉先办"直派机制和"党建引领，街道吹哨，部门报到"联动机制；进一步优化网格化综合考核指标体系，促进网格案件质量提升，提升网格治理效能，强化考核结果运用，做实网格化综合管理工作；逐步更新完善昆明市行政区划数据，落实网格精细划分，着力推进基层服务管理平台整合"一体化"，城市全要素资源调度"一张图"，城市治理综合运行"一张网"，促进网格化管理与城市治理的高度融合。昆明市网格化综合管理工作基本实现了"全覆盖网格、全链条责任、全方位监管、全天候调度、全过程考核"，有力推动了网格化综合管理工作向专业化、标准化、精细化、智能化、社会化城市治理发展。

二、经验做法

根据昆明市委主要领导关于网格化管理工作要"强化、拓宽、提标、联动"的重要指示精神，昆明市充分发挥了网格化管理工作在社会经济发展中的重要枢纽作用，探索建立了具有区域特色的城市治理"昆明样板"，为昆明市创建全国文明城市，全国卫生城市、国家园林城市复检、中国—南亚博览会、联合国《生物多样性公约》第十五次缔约方大会等重大活动在昆成功举办以及面向南亚、东南亚区域性国际中心城市建设做出了积极贡献。2018年12月，昆明市网格化综合监督指挥中心荣获第18届国际花园城市竞赛项目类铜奖；昆明市网格化综合监督指挥中心参与研建的《面向区域综合治理的遥感卫星技术应用与机制研究项目》获得2020年国家级地理信息科技进步二等奖；2016年获得住房和城乡建设部颁发的云南省昆明市数字化城市管理模式创新项目中国人居环境范例奖；昆明市数字化城市管理平台于2008年开始运行，2009年确定昆明为数字化城市管理试点城市，2010年通过国家住建部验收；2020年1月和6月昆明被住建部分别确定为首批15个城市综合管理服务平台建设和6个试评价试点城市之一，服务评价试点工作受到国家住建部和云南省住建厅高度赞扬和充分肯定，昆明市通过固化"多元参与、权责下移、网格治理、科技支撑"的长效管理机制，在推进网格化综合管理工作中取得了一定的成效，全面提升了昆明市城市综合管理水平和城市治理能力。

自2017年10月开展网格化管理工作以来，截至2020年8月底，昆明市城市管理综合平台共受理主城八区网格化案件16349610件，其中市级监督员上报1003199件，区级监督员上报15262027件，公众举报47576件，防疫案件9379件，其他案件来源27429件。案件按期结案15538605件，按期结案率为95.03%；结案16282107件，结案率为99.58%。城市管理平台共受理昆明市下辖十个县（市）区城市管理案件228834件，结案228742件，结案率为99.96%；按期结案数226752件，按期结案率为99.09%。昆明市建立网格化综合管理"周统计、月考核、年奖惩"制度，截至2020年12月，开展主城区网格化综合月考核和郊县区城市管理月考核各39次、年度考核各4次，并在《昆明日报》公示月度和年度考核结果。

（一）创新机制体制，构建"昆明特色"网格化综合管理模式

昆明市经过多年网格化综合管理工作实践探索，不断提升网格化综合管理效能和城市精细化管理水平，促进网格化综合管理和城市治理的有机融合。昆明市搭建了市区两级平台"高位监督、统一指挥、多元联动、赋权街道"的管理流程贯通、责任重心下移的网格化管理框架，构建了"监管分离、两级监督、重心下移基层"的城市网格化监督管理模式，建立"市级大循环、区级小循环、街道微循环、社区自循环"的四级闭环管理体系，形成了"一个平台、两级监督、三级指挥、四级管理、五进网格"的具有昆明特色的网格化综合管理运行模式，如图1-16所示。

1. 构建"监管分离、两级监督、管理重心下移"的网格化监管模式

昆明市积极推进城市网格化管理体制改革，在主城八区建立了网格化管理工作"监管分离、两级监督、管理重心下移"的网格化监督管理体系，各区基本实现了相对独立监督，监督重心向街道和社区下移。一是理顺市区两级机构编制。在市级层面成立了昆明市网格化综合监督指挥中心，为市政府办公室下属正县级全额拨款事业

图1-16 昆明市网格化综合管理模式

单位，人员编制31人；在区级层面成立了昆明市网格化综合监督指挥八区分中心，隶属于区政府（管委会），编制内人员不少于8人；在街道（社区）层面成立了街道网格化综合处置中心和社区网格化管理工作站，明确了网格化管理工作负责人和工作人员。二是构建双闭环监管模式。昆明市通过外包和劳务派遣形式招聘市级监督员190人，对昆明市网格化管理工作开展检查和再监督；主城八区招聘了近千名区级监督员，对本辖区责任网格内，网格化管理部、事件323类城市问题开展常态化监督巡查，上报处置，在基层网格内自巡查、自发现、自处置、自我修复完善，基本实现了"重心下移、力量下沉、资源下划、权力下放"的"高位监督、监管分离"的市区两级双闭环网格化管理独立监督。

2. 纵向调度，横向协同，明责赋权，重心下沉

一是纵向监管，权责下沉基层。根据《关于深入推进城市网格化管理工作的通知》（昆政办〔2018〕116号）文件精神，昆明市在初步划分主城八区网格的基础上，依托市、区、街道、社区四级监管体系和系统平台，构建了市、区、街道、社区、网格"1+5+X"五级网格化监督机制，建立区、街道、社区、网格四级网格长责任制，明确了网格长和网格人员的工作职责。"1"是指每个网格设置一名网格长；"5"是将网格监督员、城管执法人员、社区工作人员、环卫保洁人员和社区民警五类人员纳入网格管理，组成网格员队伍；"X"是根据网格化管理工作推进情况，逐步将社区专干、社区志愿者、小区物业管理人员纳入网格管理，纵向监管，有序调动，横向协同，合力联动，推进网格化综合管理工作开展，提升网格化管理机制体制的运行效能，为逐步向城市治理演变打好基础。

目前，昆明市进一步深化网格化综合管理工作模式，赋权基层，重心下移，压实责任，在原有的管理执法类事项的基础上，将11类检查事项和28类服务事项纳入了网格化综合考核，优化整合基层网格和网格内各类人员队伍，拓展网格员巡查工作内容及志愿者等网格人员工作内容，促进思想观念从被动应对向主动作为转变，管理方式从监督管理向社区自治转变，推进网格问题在社区内自巡查、自处置、自循环，提升了基层网格自我管理、自我监督、自我服务、自我修复的自治能力，深化基层网格治理体制改革。

二是横向联动，促进部门融合。昆明市进一步做实网格化综合管理工作，合理扩充网格人员，整合更多的监督、管理、执法和服务网格人员，构建"统一管理，职责明确，高度整合"的市、区、街道、社区、网格五级高效联动治理体系。区级层面，

五华区在一、二、三级网格采用"1+7+X"工作模式运行，建立起"1+7+X"网格人员队伍，即1个网格长+城管执法、环卫、社区民警、纪律督查员、网格监督员、各单位企业联络员、社区人员七员入网，各类志愿者队伍担任楼栋长、单元长；在四级管理网格，采用"3+X"工作模式，即以网格长、居民区党组织书记、物业负责人为基础，增加片区党员志愿者、专家学者、医生律师、热心群众等网格力量。西山区为促进多元力量融入社区自治，建立了"1+9+X网格工作模式"。呈贡区研究制定了《社区网格员管理办法》，从招聘录用、日常管理、巡查监督、绩效考核等方面加强了管理和规范。

特别是在应对新冠疫情期间，昆明市精细化管理的基层网格发挥了应有的作用。五华区以街道、社区为依托，以网格为载体，按照"1名社区干部+1名社区民警+1名社区医生+N"的方式，采取多种方式防控疫情。盘龙区以全区12个街道的103个社区（村）为工作单元，织密网格，落实责任，按照"街道包保人员+社区（村）包保人员+机动队伍"工作模式，责任到人、监管到位。官渡区整合网格内多种力量，组建"社区党员干部+社区民警+社区医护人员+小组干部"的作战单元，快速有效集结，在新冠疫情防控期间起到了至关重要的作用。

近两年来，昆明市着力建立市级大循环、区级小循环、街道微循环、社区自循环四级闭环管理体系，依托网格化综合管理工作模式，积极探索建立网格案件处置联动机制。目前，社区和网格层面的城管部门和网格监督员已实现了长效化高效联动，网格监督员发现的城市问题可以直接流转到同一网格的城管执法人员和环卫保洁人员的手机App中，实现城市问题的快速流转和高效处置。

（二）拓展标准内涵，强化网格化考核手段，推进城市治理工作开展

1. 充实标准内容，拓展职责边界，夯实城市治理基础

近几年，昆明市围绕市委市政府工作重点和城市发展需要，研究制定网格化综合管理工作新标准，不断外延综合管理标准边界，进一步优化完善网格化综合管理标准体系。结合昆明市创建全国文明城市，国家卫生城市、国家园林城市复检工作要求，增加了农贸市场和城市居住小区类别，开展了监督巡查工作；通过运用遥感卫星顺利开展了昆明市环境生态保护和综合城市管理监测工作，扩充了卫星遥感图斑案件类别，加强了对昆明市地面扬尘源、房屋建筑、城市绿地、入滇河道、滇池周边、矿山、风景区和水源保护区常态化监测；根据昆明市独特的地理环境条件，在标准中增

加了滇池水环境治理和大气污染环境治理内容；疫情期间，为遏制新冠病毒蔓延，充分运用网格员监督巡查服务力量，发挥网格精细化管理优势，根据疫情防控要求，及时扩展了疫情期间网格化管理案件监管类别；随着我国城镇化不断推进，为加强对一些新型城市问题的监管，增加了"共享单车"巡查类别。

目前，昆明市《网格化管理部事件立结案标准和考核权重、处置时限》包括市容环境、宣传广告、园林绿化、施工管理、街面秩序、突发事件、滇池水环境治理、农贸市场、卫星遥感监测、住宅小区等部、事件18大项、323小类。修订后的标准涉及城管、水务、交警、公安、民政、住建、排水、供水、燃气、防汛、市场监管、通信、电力、消防等诸多部门，网格化综合管理范围从原来的"人、地、物、事"拓展到"山、水、农、田、湖、草"，职责内容扩充，管理边界延伸。

2. 建立综合考核机制，强化考核结果运用，推进城市治理工作开展

网格化综合考核是推进网格化管理的重要手段，是城市治理工作顺利开展的有力保障。根据市政府办《关于印发昆明市城市网格化管理综合考核办法的通知》（昆政办〔2018〕63号）文件精神，2018年，昆明市在数字化城市管理考核的基础上，在主城八区开展了昆明市网格化综合管理工作绩效考核。城市网格化管理综合考核由城市管理网格化考核和第三方考核评估两部分组成，分值占比为6∶4。一是落实网格化综合考核。市区两级监督员对网格化综合管理部、事件17大类314小类案件进行监督巡查、信息采集，通过城市综合管理信息市区两级平台立案派遣，核查结案，审核抽查，全面开展了主城八区网格化综合管理工作考核。二是公示考核分数成绩。根据网格化综合考核办法，开展每月及年度考核，形成网格化综合管理考核成绩，在《昆明日报》及主城区政府（管委会）办公场所大屏公示。三是强化考核结果运用。考核结果直接与辖区城管领域主要领导和分管领导目标考核个人奖励挂钩，考核结果作为领导干部提拔任用的重要参考；考核结果按照权重占比，纳入年度市委、市政府社会经济目标考核。四是发挥绩效考核实效。在总结综合考核实践经验的基础上，不断优化网格化考核指标体系，注重网格化管理体系运行实效，着力提升网格案件的处置效率和质量，充分发挥考核的重要作用。围绕市委市政府重点工作安排部署，将"1+5+X"网格化管理机制、卫星遥感监测、"吹哨报到""接诉即办"等内容纳入网格化综合考核，考核边界逐步向职能部门、社会机构、社区村镇扩展延伸，不断创新网格化管理机制体制，提升网格治理效能，为昆明市网格化综合管理逐步向城市治理发展奠定了基础。

（三）建立"吹哨报到""接诉即办"机制体制，推动基层治理资源和力量下沉

解决城市问题重点在区，重心在街道，城市治理"最后一公里"在社区。"街道吹哨、部门报到"就是通过党建引领，赋权基层，促进权力重心下移，资源重点下划，管理力量下沉基层，推进跨部门、跨区域、跨层级、多领域的疑难问题在基层解决。根据《中共昆明市委办公室昆明市人民政府办公室印发〈关于全面推进"党建引领、街道吹哨、部门报到"〉的通知》（昆办通〔2019〕105号）、《昆明市人民政府办公室关于印发昆明市"接诉即办"工作实施方案（实行）的通知》（昆政办〔2020〕15号）文件精神，一是促进基层增权赋能。坚持党的领导，坚持以人民为中心，推进街道赋权扩能，强化基层职能职责，做强街道、做优社区、做实治理。二是创新工作机制。昆明市建立了"党建引领、县区吹哨、部门报到"运行机制，开展了系统研发和平台优化，明确了"哨件"来源，梳理了工作标准、考核办法和工作流程。三是建立响应机制。精简派遣环节，制定了"接诉即办"工作标准，梳理了案件类别清单，建立了以响应率、处置率和服务满意率等考核指标为基础的案件直派机制和快速响应机制。四是开展绩效考核。"吹哨报到""接诉即办"工作均被纳入了网格化综合考核和昆明市社会经济年度目标考核，"吹哨报到"工作还被纳入了年度党建目标考核，促进了居民自治、社区党建、社会力量与网格化综合管理的有效衔接，探索了城市管理综合性职能的拓展，提升了基层网格治理水平。

1. 党建引领，厘清职责，推动街道赋权扩能

根据"吹哨报到"相关文件精神，昆明市积极探索构建由市委组织部牵头的"党建引领、街道吹哨、部门报到"社会治理体系，通过"吹哨报到"工作机制，厘清街道、职能部门职责范围，梳理责任清单，明责赋权；建立由街道党工委牵头，分类分级对街道社区、县（市）区职能部门进行绩效考核的机制，推动权责下移，促进城市治理资源和力量下沉街道。区级层面，五华区强化基层政府职能，将"吹哨报到"工作作为2019年全面深化改革的"首位工程"，成立了区委书记、区政府双组长的工作领导小组，组织部部长全程参与指导工作落实，建立街道"五办七中心"，把资源、服务、管理下放基层，完善了基层政府功能，推动城市治理重心下移。呈贡区畅通治理神经末梢，建立了"居民吹哨网格队伍报到，网格吹哨社区报到，社情吹哨兼职委员报到，社区吹哨街道报到，街道吹哨部门报到"的工作机制，将城市治理神经末梢延伸至社区和群众身边；赋予街道对有关职能部门派驻街道负责人考核考察、选拔任

用的建议权,赋权街道对报到部门绩效考核,并将成绩纳入部门目标绩效考核。

2. 优化网格,整合力量,促进部门联动协作

昆明市一是打好网格治理基础。加快"吹哨报到"系统平台建设,优化网格划分,整合网格力量,明确网格职责,优选配置网格长。二是促进横向协同联动。理顺执法机制体制,整合执法队伍,优化网格力量,注重提升跨区属、跨部门、多领域联动协作,统筹协调,赋权基层,重心下移,促进行政执法权限力量向基层延伸下沉,加大基层社会治理力度,推进基层城市治理进程。区级层面,经开区科学划分网格,按照"范围全面覆盖,人口规模适度,服务管理方便,资源配置有效,功能相对齐全"的原则,街道以社区为单位,综合考虑地理位置、道路走向、生活习惯,合理划分网格单元,结合行业分布状况和行业特点,合理划分设置行业网格单元。五华区整合执法力量,创新街道实体化综合治理中心"1+3+N"工作模式,以街道城管中队、市场监督管理所、派驻街道警力3支专职常驻队伍为主要力量,从应急管理、环保、水务、人社、卫生、文化等部门抽调执法人员下沉街道,初步实现"一支队伍管执法"。

3. 快速响应,解决难题,提升群众满意度

"接诉即办"机制是依托昆明市综合信息系统,以市民服务热线为受理渠道的群众诉求快速响应机制。"接诉即办"是指接到群众诉求反映的问题,立即响应,快速办理。"未诉先办"是指主动发现,积极作为,高效处置城市问题。"未诉先办"是在"接诉即办"工作开展的基础上,群众诉求响应的拓展升级机制,特点是在群众尚未投诉前,政府部门主动作为,先行解决城市问题。昆明市坚持以人民为中心的理念,以维护广大人民的根本利益为出发点和落脚点,民有所呼,我有所应,快速精准解决群众身边的烦心事、揪心事。"接诉即办"从2020年5月1日至12月31日,共立案8807件,结案8367件,结案率为95.0%。区级层面,五华区率先建立"未诉先办"机制,以"接诉即办"工作开展为基础,开拓工作思路,转变工作作风,依托城市基础网格,在区、街道、社区、管理网格建立四级"未诉先办"工作机制,加强事前监管,提前研判,化"被动响应"为"主动发现",增强了基层自我管理、自我考核、自我监督、自我修复的效能。截至2020年10月,五华区研判纳入"诉求清单库"的未诉先办案件共456件,均已完成处置。

(四)构建高科技精细化管理体系,逐步向城市治理迈进

根据习近平总书记城市管理应该像绣花一样精细的重要指示精神,结合工作实

际，着力把城市管理工作做实、做细。昆明市构建了精细化网格管理模式，优化网格划分，配强网格人员，整合党建、公安综治、应急管理等多类现有网格，减少交叉、叠加融合，推行"边界清晰、职责明确、划分合理、整合统一"的"多网融合"网格划分机制，推动乡镇赋权赋能，强化基层社会治理和公共服务职能，完善街道微循环和社区自循环体系；运用遥感卫星监测空间优势，解决城市问题，促进前沿科技与昆明市城市治理工作紧密融合，创建天、地、人相结合的多渠道、全覆盖、精细化的立体交叉空间监控体系；制定城市管理精细化标准，夯实城市治理根基，逐步构建"网格清晰、标准明确、联动执法、责权下移、科技支撑"的精细化昆明网格管理体系。

1. 搭建精细化管理框架，运行精细化管理机制

一是推行精细化管理模式。中共昆明市委办印发了《关于提升基层社会治理精细化水平的意见》（昆办通〔2020〕14号），明确了提升精细化水平的责任清单、牵头单位和责任单位。充分发挥基层网格实用高效、反应灵敏的优势，探索推动各级网格中心从开展单项业务向社会治理综合职能拓展，探索以党建引领，全面推行"党建+"模式，建立街道统筹、行政执法部门共同参与的街道综合治理实体化平台，进一步完善"1+3+N"工作模式，加强以街道综合执法队伍为主体，以街道城管中队、市场监督管理所、派驻街道警力三支专职常驻队伍为基础，以应急管理、环保、水务、卫生、文化、城乡建设等多部门派驻为补充的街道综合执法队伍建设，在街道统一指挥下开展工作。二是优化基层网格。在社区网格的基础上，精细网格划分，落实基层网格职责，逐步实现网格化管理服务精细化、全域化。三是制定精细化管理标准。为进一步明确精细化管理规范，昆明市结合实际，从人民意愿出发，针对职责不清、管理不明、职责交叉、管理盲区的城市问题，市委城管委办公室印发了《中共昆明市委城市管理委员会办公室关于印发〈昆明市城市精细化管理标准〉的通知》（昆城管委办〔2020〕12号），标准涉及市政设施、市容秩序、管线管理、工地管理、城市防汛、居民小区管理等17项专项工作内容，又分为若干小项，从管理依据、管理流程、管理标准、管理要求四方面进行明确细化，简洁清晰，易于操作，为昆明市推进城市精细化管理奠定了基础，促进了城市管理向标准、高效、规范的专业化、精细化、智能化城市治理逐步演化。

区级层面，五华区激发网格治理内生动力。以街道为主体，在101个社区内部科学划分335个社会治理网格，对网格实行全区统一编码管理。经开区一是搭建精细化网格。按照街道四级网格体系、行业三级网格体系，在疫情防控中划分的474个网格

的基础上，细化社区网格设置，全区共搭建街道、社区及行业社会治理工作网格1615个。二是阿拉街道优化网格。按照城市社区300~500户设置一个网格，"村改居"社区以自然村或居民小组为单位设置一个网格，网格划分做到四至边界清楚，不交叉重叠。街道为一个大网格，设街道网格长2人，网格员130人；社区划分为13个网格，设社区网格长23人，社区网格员166人；居民小组（小区）划分89个网格，网格长132人，网格员333人；城市社区设置社区楼栋长113人，网格员共计897人。西山区落实网格长制度。对全区111个社区网格进行划分，目前已完成423个四级网格设置，设置了24名二级网格长，召开了网格化治理工作二级网格长点评会，完善了社区四级网格员"9大员"名单。盘龙区明确网格设置标准。在城市管理网格的基础上，充分考虑辖区实际，明确网格划分依据、划分原则，对四级网格精简优化，统一网格数据编码。

2. 构建立体交叉空间监控体系，助力社会治理现代化

习近平总书记指出，推进国家治理体系和治理能力现代化，必须抓好城市治理体系和治理能力现代化。运用大数据、云计算、区块链、人工智能等前沿科技推动城市管理手段、管理模式、管理理念创新，从数字化到智能化再到智慧化，让城市更聪明一些、更智慧一些，是推动城市治理体系和治理能力现代化的必由之路，前景广阔。

随着我国城镇化迅速发展，我国对城市管理提出了更高的要求，传统的城市管理方式已经不能满足城市发展的需要，互联网、大数据、云计算、物联网、卫星遥感、人工智能等前沿科技逐步运用于精细化城市治理领域。根据《昆明市人民政府办公厅关于印发昆明市利用卫星遥感监测技术开展生态环境保护与城市综合管理工作实施方案的通知》文件精神，昆明市一是开展空间监测工作。定期运用空间遥感卫星获取昆明市679平方公里范围内，城市综合治理和生态环境保护影像数据，形成卫星遥感监测成果，及时提供给市级职能部门使用。二是着力解决城市顽疾。根据卫星遥感监测信息技术的特点，结合昆明市城市综合管理工作实际，昆明市卫星遥感影像监测数据有效应用于房屋建筑变化类发现难、定性难、处置难的问题，以及直接关系昆明市环境空气质量和人民生活质量的地面扬尘源污染问题，促进城市问题精准发现和处置解决，如图1-17所示。三是创新机制体制。研发了我国首个卫星遥感监测空间信息系统，制定了我国首部地方性《卫星遥感监测工作立结案标准》，设置了卫星遥感监测图斑案件内部审核流程和案件处置流程，建立了常态化的卫星遥感监测城市治

202004期扬尘源未处置前图斑影像　　　　　202004期扬尘源处置后图斑影像

图1-17　扬尘处置

理应用体系；创造性地将卫星遥感监测图斑案件纳入空间信息系统立案派遣、处置抽查，追溯图斑案件处置情况，创新卫星遥感监测图斑案件考核机制。四是打造立体监控体系。充分运用遥感卫星、鹰眼监控系统、无人机等科技手段，打造天、地、人相结合的立体交叉精细化空间信息监控系统，客观、精细、高效解决城市难题，让城市问题无处遁形，利用高空优势，实现城市管理全域化，全要素覆盖，成功将卫星遥感监测技术与昆明市网格化综合管理工作紧密融合，为推进城市治理现代化提供了科技支撑。

区级层面，西山区一是建设鹰眼监控系统。通过城市管理鹰眼监控系统，运用前端高清云台摄像头对方圆三公里范围内的区域进行定时智能视频录制、智能图像抓拍，配合智能数据统计分析、智能报警等功能，有效对市政、环卫、消防、绿化、交通、城建等城市管理问题提供影像数据实时监管。鹰眼视频监控系统一期项目于2017年11月1日开始施工建设，待二期项目建设完成后，通过113台高空鹰眼对西山区主城建成区范围全域覆盖，更广泛地实现对西山区城市管理问题的监管，全面构建"天上看、地上查、网上管、群众报、鹰眼探"的精细化网格综合监管体系。二是构建三维立体数据平台。探索建立统一三维实景地图数据融合平台，构建城市"精细化"管理专属图层，采用封装的三维重建和图像引擎，结合实景地图，对社区、网格进行精细化实景划分和单独图层显示及管理。度假区运用无人机监督巡查。针对城市顽疾，运用无人机进行近距离低空综合城市管理巡查，凭借"地空结合"优势，定期在海埂片区10个社区、大渔片区7个社区人迹难以到达的重点区域，运用科技手段，开展常态化、精细化巡查。高新区一是对辖区内视频监控资源进行整合。二是研发了城管机器人，运用人工智能技术在重点区域开展智能巡查，科技助力城市问题解决。

（五）搭建社会治理组织结构框架，创新"一网统管"服务管理模式

1. 建立"双引擎"机制，驱动试点工作推进落实

为切实做好昆明市社会治理现代化试点各项工作，深入贯彻习近平总书记城市治理重要讲话精神，昆明市委市政府两办印发了《昆明市市域社会治理现代化试点工作方案（2020—2022年）》（昆办通〔2020〕19号），明确了今后三年昆明市城市治理工作的发展方向；成立了由昆明市委书记和市长任双总指挥长的工作总指挥部，由全市50多个单位部门为成员单位；对市域社会治理现代化试点工作进行了任务分解，明确了17项重点工作任务，设立了17个由市级相关领导任指挥长的专项工作分指挥部，建立了"双引擎"机制，双管齐下驱动试点创建工作推进落实。

区级层面，五华区一是实现党建物业"双覆盖"。在物业管理体系相对健全、居民党员相对集中的居民小区建立小区党支部，积极引入"红色物业""准物业"接管老旧居民小区，推进无人管理老旧小区实现党建和物业"双覆盖"。二是推动社工队伍"进网格"。社区层面将原有10个分类办理窗口整合成"一窗办理"综合服务窗口，打造"全能社工"队伍负责接件办理，变社区工作者"坐班"服务为"走班"服务，释放人力沉入管理网格。三是多元力量充实红色网格。护国街道祥云街社区充分发动辖区资源，充实网格服务员，组建了一支先锋责任组，聚合了居民志愿者、辖区保安等多元力量的能服务、善协调、敢担责的红色网格服务队伍，动态入网开展志愿服务。在新冠肺炎疫情防控工作中，红色网格先锋员迅速入网，先锋责任组组长沉入责任网格一线带队，将联防联控、群防群治、共抗疫情的强大合力凝聚在了红色网格中。四是红云街道多元参与攻坚。组织执法中队召开9次专项行动会议和推进会，加强宣传，广泛动员社会力量，组织辖区物管、公共户单位、文明监督岗人员、志愿者等共同参与百日攻坚专项行动，形成合力。盘龙区引入"1+N+X"模式，即团区委、N个社会组织公益组织、X名青年志愿者，为老旧无人管理小区及小区内孤寡老人提

供志愿服务。安宁市建立"4+N"志愿服务队。建立1个市级志愿服务总队、9个街道志愿服务大队、97个城乡社区志愿服务分队、512个村（居）民小组志愿服务小队，以及15支专业志愿服务队，成为服务城乡群众、参与社会治理的重要力量。石林县组建家庭教育志愿讲师团。县妇联招募石林家教志愿者76名、早期教育志愿者146名参与社区服务工作，进一步拓宽社会工作人才来源渠道。

2. 构建"一网统管"新格局，提升网格治理效能

"一网统管"是管理服务模式的创新，是政府职能和机制体制的技术变革，是推进城市治理体系和治理能力现代化的重要手段。建立"一网统管"机制，利于统筹协调、指挥调动、多元融合、科技赋能一体化，利于推进社会治理向专业化、精细化、社会化、现代化发展。围绕城市管理综合运行"一网统管""观、管、防、处"的目标要求，加强业务数据、视频数据、空间基础数据、行政区划数据、城市综合管理运行数据库等数据资源建设，运用信息化、智能化手段汇聚城市运行多源数据，推进智慧应用场景的研发，逐步实现"一块屏"可视化集中展示、"一张图"调配城市治理资源，提升社会治理和城市综合管理运行能力。昆明市一是建立数据资源管理体系。依托大数据资源平台，以电子政务外网和电子政务云建设为基础，探索构建城市运行业务数据、视频数据、地理数据统一管理模式，逐步构建城市运行"一网统管"数据资源管理体系。二是整合基层资源力量。以社区资源为落脚点，逐步整合基层网格、信息系统和指挥平台，将党建、社会保障、综合治理、城镇管理等工作统筹融入网格管理；完善街道社区网格化管理工作机制，推进基层治理体系创新，探索构建贯通市、县、乡、村四级城市治理联动指挥综合处置体系，不断提升基层城市治理的效能，逐步打造"多网融合，一网统管"的网格全域覆盖城市治理新格局。

区级层面，五华区一是推进网格融合。将全区党建、综治、城管、疫情防控、文明城市创建等18类网格融合成"五华区党建引领城市基层治理网格"，将以网格划分落实目标任务的事项融入四级管理网格。二是整合平台热线。将区级城市网格化综合监督管理指挥调度平台、"吹哨报到"区级平台及"12345市长热线"区级流转平台整合为五华区接诉受理综合平台，由市网格化监督指挥中心五华分中心统筹运转。经开区构建网格治理体系。先后7次召开社会治理专题研究会，推动网格地理信息数字化，统筹网格化服务管理中心建设，梳理整合城市管理、信访维稳、环境卫生、安全监管等原有网格，逐步构建区、街道、社区、网格互联的网格化服务管理体系，加快建设"多网合一、一格多员、同格同责"的社会治理网格全覆盖格局。西山区一是整

合网格力量。起草了《西山区2020年社会治理工作要点》和《西山区2020年社会治理工作要点任务分解表》，建立了"1+9+X"网格化管理工作模式，融入党建指导员、卫生防疫人员、出租房和酒店人口专职协管员，将管理服务自治纳入网格，建立了全区上下统一规范的"区、街道、社区、网格"四级网格体系。二是成立社会治理课题组。成立了《关于深化拓展网格化管理提升社会治理效能课题研究》课题组，区委副书记亲自牵头4次召开课题座谈会，对网格化治理工作进行专题讨论研究。盘龙区构建全区"一张网"工作格局，推进职能入网、人员入网、经费入网、考核入网，实现"全区一张网"的工作新格局，积极推进了盘龙区社会治理网格"一张图"建设。官渡区实现多平台互联互通。积极探索区级网格化管理平台建设工作，拟将所有街道、社区接入网格化综合运行平台，与市级平台无缝对接，实现网格、事（部）件、考核、统计信息四级贯通，并与智慧官渡党建平台互联互通。

三、实践案例

昆明市积极探索网格化综合管理向城市治理发展的路径，依托城市管理综合运行"一个平台"，依据城市精细化管理"一部标准"，依靠行政执法"一支队伍"，整合服务热线"一个号码"，展示监督指挥"一块大屏"，量化治理考评"一套指标"，在市、区、街道、社区四级层面，开展了一系列有益的探索实践，积累了大量昆明实战经验，工作取得了一定实效。昆明市凭借横向联动、纵向监管"两条线"，汇聚城市综合管理数据资源"一张图"，织密城市治理"一张网"，逐步实现全市城市治理运行"一盘棋"。

（一）汇聚资源，促进社会力量多元联动，构建"一网统管"城市治理新格局

以网格化综合管理机制为抓手，整合各类网格人员，完善基础信息，汇聚多元力量，夯实城市治理根基，逐步构建贯通市、县、乡、村的市域社会治理信息融合、指挥调度、联动处置体系，实现城市综合管理运行"一张图"，构建全要素资源调度"一张网"的"多网融合，一网统管"格局，不断提升社会治理和公共管理服务能力。

区级层面，经开区一是构建网络联络体系。按照"两类四级"架构，将组织、人、物等要素信息对应入网入格，建立了网络联络体系。目前已完成对区、街道、社

图1-18 经开区社会治理一张图

图1-19 经开区网格数据可视化

区网格四至范围GIS信息录入，形成"两条线、一张网"，基本实现经开区全域"一张网、全覆盖"，如图1-18所示。二是建立动态基础数据库。依托网格平台，利用现有网格人员，深入开展基础信息数据采集活动，收集掌握网格内"人、地、物、事、组织"等基础信息，建立要素完备、动态更新的网格基础数据库，如图1-19所示。三是实现全要素整合。统一标准，统一人员，统一管理，把各要素整合在一个大网格下开展工作，形成真正的"一张网"城市治理机制。五华区一是整合各类平台。积极整合党建服务、城市管理、综治维稳、人口管理、便民服务、社会保障等与居民生产生活密切相关的公共服务管理和市场化服务资源，大力整合基层服务型党组织综合服务平台、12345热线一号通系统平台、"智慧城管"网格化运行平台等智慧平台，探索建立"一网集成"治理平台。二是整合网格资源。整合城市管理网、综合治理网、基层党建网"三网"资源，建设面向党员群众的党群活动服务中心、综合治理中心。三是丰宁办事处完善基础信息。在网格基础数据库中充实了居民低保、空巢、残疾、党员等群体的信息，还增加了服务资源的基础数据，实现了网格信息的互通互联。西山区社会力量参与自治。官南立交桥因道路产权未移交，致使绿化管养、路灯亮化、清扫保洁等工作管辖权限不明，成为"老大难"问题，前卫街道推行社会力量多元参与，协调商议解决具体问题。目前，绿化带管养一事已由生源环境公司对该裸露土地进行播种草籽，并在周边用铁丝进行围挡；北大附中周边路灯亮化问题由区城管局研究制定方案，金产公司正在进行控制电脑设备采购，到位后进行处理，恢复用电。官渡区汇聚社会力量共同解决城市顽疾。2020年6月3日，花田社区以居民身边存在的环境问题为切入点，多元参与，多方联动，召集矣六街道综合执法队、矣六街道城市管理综合服务中心以及辖区金色之源房地产开发有限公司、俊发物业、浩然物业、布哥未来幼儿园等相关单位负责人到现场参会，共同协商解决辖区内8个片区总面积约2000平方米的绿化带枯死问题和总面积约900平方米的道路硬化问题。由社区统一集资，辖

图1-20 官渡区矣六街道现场处置

区公共单位协助，共同完成绿化带补植、修复硬化道路等工作；辖区物业管理公司加强监督，对绿化带养护落实长效管理机制，如图1-20所示。

（二）运用高科技，助力城市精细化管理，提升市域社会治理现代化水平

要充分运用互联网、物联网、大数据、人工智能等前沿技术，以数据资源和科技手段助力城市综合管理的创新，推进城市管理高质量发展。昆明市委主要领导多次调研昆明市城市网格化综合管理工作，要求"充分运用卫星遥感监测技术，形成立体的日常监测体系，要进一步提高监测频率，实现分类监测，实现人眼、天眼、地眼全覆盖"。为进一步利用遥感卫星、鹰眼系统、无人机等空间监控的优势，将高科技与昆明市城市治理工作紧密结合，解决传统城市管理手段难以发现、进入、认定的城市问题，与城市综合管理地面监控体系形成良好的互联互补关系，创建无盲区、多渠道、全覆盖的立体交叉空间监控体系，助力昆明市城市精细化管理工作常态化有效开展。截至2021年2月底，完成房屋建筑变化监测、地面扬尘源监测、城市绿地变化监测19期，滇池周边管护监测与地表裸露与疑似矿区监测14期，入滇河道周边监测16期，重点自然保护区、重点风景名胜区及重点水源保护区三个板块监测7期，地表

201901_354   201904_95

处置前　　　　　处置后　　　　　处置前　　　　　处置后

图1-21　卫星遥感图斑案件处置

资源全覆盖监测4期，城市动态监测19期。共立案卫星遥感监测图斑案件2589件，到期应结案2530件，按期结案数2458件，按期结案率97.15%；抽查1378件，抽查合格率为100%；共拆除违法建设16.6万平方米，覆盖裸露土地272.1万平方米，如图1-21所示。

区级层面，西山区一是运用鹰眼监控系统解决城市难题。运用鹰眼监控系统，对高层违章私搭乱建进行全天候监控，弥补了传统城市管理人员无法有效管控建筑高层违章行为的不足，通过鹰眼系统每天定时自动轮巡、抓图、录像，后端系统自动智能视频分析、图片对比，提升了城市管理效率，提高了城市精细化管理水平。二是开展平台演示试点工作。四道坝社区开展了精细化网格管理数据综合应用平台和大观路精细化管理大数据平台演示试点工作，目前基本完成了对四道坝社区和大观路试点的三维建模，构建了可视化、精细化、立体三维的数据融合综合应用平台。通过试点地区整体建模以及单体化属性标注，将部件信息、人口信息、党员信息以及部分商业信息采集录入系统，使城市管理的信息化、精细化、智慧化、现代化水平进一步提升。五华区建设综合治理指挥大厅。2019年，丰宁街道完成了综合治理中心指挥大厅的建设、综合执法队办公场所的改造和社会面图像信息系统400个监控探头的整合。度假区建立精细化空间监管机制。通过视频监控、无人机等技术方式开展立体巡查，建立巡查发现、宣传劝导、执法处置联动精细化管理工作机制，大渔城管执法中队采用无人机全方位监控，航拍巡查、取证全过程跟踪记录，如图1-22所示。利用"地空联合"优势，助力执法模式创新。截至2020年8月底，劝导教育违法人员107人次，处罚27起；取缔教育占道经营84起，全过程参与整治拆除违法建筑1起。

图1-22 度假区无人机巡查现场取证

（三）主动作为，促进部门融合联动，快速解决城市顽疾

以人民为中心，充分发挥"党建引领、街道吹哨、部门报到"工作联动和"接诉即办、未诉先办"的快速响应机制作用，主动发现，联合协作，通过一个哨件解决一类问题，一个案例带动一方治理，促进党建工作与城市治理深度融合，高效快捷、切实解决困扰市民的城市问题，增进人民群众的福祉。截至2020年8月底，全市共吹哨17157件，其中区级吹哨18件，街道吹哨1283件，社区吹哨15856件。

区级层面，五华区一是推进社区减负增效、提能增责。龙翔街道办事处中环金界大厦2020年以来存在大量企业搬离的情况，企业数减少到75户。为促进小微企业自身发展，解决企业发展中遇到的难题，龙翔街道办事处递交了吹哨申请，公安五华分局、区税务局、区商投局、区应急局、区市场监管局随即前往报到。各职能部门根据自身职能职责完成了上门入户走访、政策法规宣讲，建立了定期巡查制度，及时解决了企业和经营户面临的经济难题，进一步优化了营商环境，激发了企业发展活力。二是华山街道吹响"第一哨"。针对景虹街道路渗水问题，华山街道2019年12月18日组织市排水公司、市城管局、市住建局、市国资委、市民交警支队等多个部门报到，协调解决问题。经过百余日施工，景虹街整治工程完工，成功吹响昆明市"党建引领、街道吹哨、部门报到"第一哨，如图1-23所示。三是主动作为，群众肯定。华山街道

图1-23 五华区华山街道"第一哨"处置现场

武城社区网格员反映部分行道树枝叶过于茂盛,距离电线过近,雨天存在安全隐患。录入"述求清单库"后,区城管局主动认领,组织人员对绿化树进行了修剪,消除了安全隐患。6月2日,受益群众主动致电12345市长热线,对职能部门主动作为的行为表示了肯定。四是技术发现,改善孤寡老人居住环境。华山街道圆通社区在日常走访中发现,社区一名特困老人居住的房屋屋顶石棉瓦严重塌陷、漏雨,还存在坍塌风险。录入"述求清单库"后,华山街道综治中心和区城改局主动认领,为老人更换了屋顶,粉刷了墙面,更换了老旧线路,大大改善了老人的居住环境。

呈贡区打响"吹哨报道"第一枪。充分依托"吹哨报到"机制,斗南街道大力开展了南连接线呈贡段路域环境整治工作,下发了会议通知,召开了区城市管理局、区交通运输局、区自然资源局、区城投公司、小古城社区等区级职能部门17人现场工作协调会和拆前工作分析研讨会,形成了"吹哨报到"《斗南街道高速公路南连接线整治工作方案》。6月19日上午8:30分,拆除工人40人、挖机2台在拆除现场就位。斗南街道工作人员以及小古城社区居委会工作人员对现场经营户进行劝导;城管中队队员配合拆除工人共同搬离货品、清离经营户;龙街派出所民警40人对现场秩序进行维护;区交通运输局、区自然资源局、区城投公司300余人共同参与整治工作。上午9:00整,区城市管理局副局长带领60名现场队员开展了拆违行动。截至14:00,共拆除云峰机械厂西侧、南绕城高速东侧钢模租赁站内建(构)筑物5000平方米,打响了呈贡区运用"吹哨报到"机制,重拳出击整治违法违规建筑网格治理的"第一枪",如图1-24所示。

西山区多元参与联动,解决疑难问题。2020年8月27日,"党建引领、县区吹哨、部门报到"西山区宏业路、苏南路下穿隧道2座泵站移交工作报到会议在马街街道办事处召开,会议决定昆明排水公司与中国铁路昆明局集团有限公司滇中铁路指挥部签订宏业路、苏南路2个下穿隧道中泵站的移交协议;昆明排水公司、区水务局完成对2个下穿隧道的排水工作;昆明市排水公司、马街街道办事处承担2个下穿隧道的防汛排涝责任。高新区主动作为及时制止行为。发挥网格治理快速精准优势,组织社区网格人员解决环境治理中存在的盲区死角问题,昆明市生态环境局高新分局、区住建局、区综合执法大队等多部门联动,全力开展环境保护预警应急响应联防联控工作。2020年8月13日14:00,社区网格人员在日常巡查中发现马金铺武振街一家企业存在私设排污口排污现象,立即通知昆明市生态环境局高新分局、住建(滇管)局、环保监察执法部门相关工作人员14:40到达现场,责令企业封堵排污管并停止排污行为。经采样分析。监测报告显示,由于发现处置及时,目前该企业车间前窨井中水水质达标,尚未对周边环境造成污染,如图1-25所示。

度假区促进跨行业、跨部门联动。为加快推进大渔街道大湾村整村搬迁任务,大渔街道党工委启动"街道吹哨、部门报到"机制,于2020年5月13日启动吹哨,滇池水务局、行政管理综合执法局、园林绿化局、社会事业局、劳动和社会保障局、网格化分中心、生态环境分局七家职能部门到大渔社区街道报到,成立了大湾搬迁工作领导小组,完成前期情况调查,会议研究形成了搬迁工作方案,社会事业局负责对在卫生系统工作的搬迁户做好搬迁动员工作;生态

图1-24 呈贡区重拳整治违法违规建筑

图1-25 高新区及时制止违法排污行为

环境局和滇池水务局,加大对部分搬迁户偷排污案件的查处;综合执法局全力配合大渔街道加大对违法建设行为的查处力度;网格分中心运用无人机对村户违法加层、收储土地复耕复种等问题进行常态化巡查;园林绿化局、劳动保障局抽调人员做好入户政策宣传工作,如图1-26所示。

(四)深化街道体制改革,激发基层自治活力,提升基层网格自治水平

以社区治理创新为落脚点,加强基层自治力度,推动管理和服务力量下沉,增能于街道、还权于社区,明责赋权,充分发挥社区在网格治理中的重要作用,夯实网格治理基础,调动基层网格自治积极性,激活基层社会治理末梢神经,把服务延伸到老百姓生活的每个角落,切实把民生工作做得更细致、更扎实、更精准。

区级层面,盘龙区社区自治解决群众身边难题。依托城乡社区"五级治理"模式,强化居民群众自我管理、自我服务、自我教育、自我完善能力,通过居民主导

图1-26 度假区大渔街道整村搬迁签约现场

图1-27 盘龙区社区工作人员正在开展工作

自治、社区统筹协调的方式,开展了民生小事项目化管理工作,快速解决群众身边小事、急事、难事,如图1-27所示。尚义街140号省邮政小区是一个21年前建设的老旧小区,小区自1999年建设入住以来未安装安防系统,院内电动车、自行车被偷情况严重。在社区的倡导下,小区院委会自行召开小区居民代表、社区工作人员、区人大代表、拓东派出所警员等30多人专题研究会,会议一致同意安装"电子监控视频",解决了一直困扰市民的难题。五华区赋权基层,归位主责。把基层社会事务的管理权进一步细化到小区、院落、楼栋等网格,赋予社区对辖区内重大活动和事务的知情权、参与权、决策权、监督权、评议权。在街道层级,稳步剥离街道招商引

资、协税护税等经济工作任务；在社区层级，稳步剥离上级政府部门"向下延伸"的行政管理职能，推动街道社区归位于抓党建、抓治理、抓服务主责主业。西山区赋权基层，激发自治活力。大渔社区通过社区自治解决了碧鸡路沿线长期存在的大量井盖、雨水箅子破损等道路维护问题。大渔社区网格长牵头，区交运局、区城市管理局、区网格化监督指挥分中心配合，组织明波、积善、大渔、普坪社区网格长共15人对辖区碧鸡路全线窨井盖、雨水箅子等破损情况进行了现场检查，摸清马街辖区碧鸡路全线窨井盖、雨水箅子数量及破损情况，明确了由区交运局负责对接省公路局道路移交管理事宜，区城市管理局负责道路附属设施修复，落实了移交道路维修资金来源。呈贡区探索"一队伍三中心"体系建设。打造一支定向社区的网格化执法队伍，建设以社区居委会为主体的社区管理中心、社区综合服务中心、社区综治信访维稳中心，构建面向社区群众的"一队伍三中心"的大执法、大管理、大服务、大综治的智慧社区格局。禄劝县形成全县"一张网"。整合政法、城管、环保等职能网格，构建"乡镇（街道）党（工）委、村（社区）党组织、网格党支部、村（居）民小组党小组、党员中心户"五级党建网格。

四、思考总结

（一）网格化综合管理体系在城市治理中的地位和作用

一是网格化综合管理体系是社会和经济发展的枢纽，是推进城市治理的重要渠道。昆明市在向城市治理发展转型的过程中，开展了大量的城市治理基础性工作，畅通了群众与政府部门的诉求渠道，促进了部门、机构之间的协调合作，构建了横向协作、纵向监管的构架，不断加大城市顽疾治理力度，逐步打造干净整洁的城市环境以及和谐有序社会秩序的良好格局。二是网格化综合管理体系是实现城市治理的智治支撑，是向城市治理迈进的实践基础。充分融入大数据、互联网、物联网、人工智能、卫星遥感等前沿科技元素，昆明市依托网格化综合管理信息平台和海量数据资源助力城市治理，夯实基层治理根基，优化网格，整合队伍，充分依靠社会力量，多元参与网格治理，顺利开展了网格化综合管理工作，为推进城市治理奠定了实践基础。

（二）城市治理带给网格化管理的现实冲击和实质转变

传统的城市管理手段已经不能适应新时代城市管理要求，新的管理理念、管理手段、管理模式给传统城市管理带来了巨大的冲击，促进了城市治理理念和治理方式的实质转变。

1. 治理理念方面

一是从监督管理向群众自治转变。以人民为中心，从群众意愿出发，从思想根源上真正做到民有所呼，我有所应，引导多元社会力量参与城市治理，推进社区自治，激发基层自治活力，高效解决城市顽疾，让人民生活得更美好。二是从被动响应向主动服务转变。主动发现问题，积极解决问题，以群众满意度为核心，切实转变工作作风，做好事前谋划、事中跟进、事后监管，未雨绸缪，关心关注群众身边的难点问题，主动为民解忧，从城市治理理念上向主动为民服务转变。

2. 治理方式方面

一是从粗放管理向精细化管理转变。传统的粗放型城市管理，消耗大量人力物力财力，城市顽疾仍然难以祛除。推进城市治理，要从科技赋能入手，借助城市精细化管理手段，从人力密集型向科技融合型转变，逐步提升城市治理专业化、标准化、精细化、智能化水平。二是从手续繁杂向简政放权转变。国内许多城市推行"一网通办""数字政府"政务服务改革，探索"一窗受理，一次办结"服务模式创新，切实打通审批服务的"最后一公里"，提升为民服务的能力，提高行政效能。城市管理权责重点在基层，推行重心下移、权力下放、力量下沉、资源下划机制，简政放权，推进基层赋权增能，激发基层自治活力，促进大部分问题在基层快速高效解决。三是从政府集权向社会力量多元参与转变。秉承一切为了人民、一切依靠人民的理念，鼓励志愿者、物管、楼宇、商圈等社会多元力量参与基层共治，从治理方式上实现跨级层、跨行业、跨区域、跨部门的社会多元合作联动，共同感受城市治理的温度，共享改革开放的成果，共建和谐幸福美好家园。

（三）网格化综合管理向城市治理发展的实践启发

一是以人民为中心是城市治理的根本和出发点，基层自治是城市治理的根基和落脚点。坚持以人民为中心，从人民意愿出发，赋权基层，夯实基层自治根基，促进大部分城市问题在基层解决，矛盾在基层化解，推进城市和谐有序发展。二是前沿技术是助力城市治理现代化的有力支撑，是推动社会治理体系和治理能力现代化的必由之路。融入大数据、互联网、遥感卫星等科技元素，科技赋能，运用前沿科技手段助力城市治理，建立精细化、智能化的城市治理模式，是推进社会治理体系和治理能力现代化的必由之路。三是社会力量多元参与是城市治理的重要方式，体系模式创新是推进城市治理的关键要素。以人民为中心理念引领，借助前沿科技，促进部门机构、平台网格、人员队伍有机融合、联动协作，鼓励社会力量多元参与基层自治，积极研究建立统一协同指挥、多元参与联动、智能集中展示、立体监督监控的城市治理体系，通过治理理念、手段、模式的深刻变革，提升社会秩序和城市环境，构建城市治理共同体，推进城市治理体系和治理能力现代化，最终实现人民群众的福祉。

第四节　如皋市基层治理条件下的城管综合执法

一、简政放权，优化政务服务环境

近年来，在上级党委、政府的正确领导下，江苏省如皋市认真贯彻落实上级决策部署，以更有力的举措深化"放管服"，推进行政体制改革、转职能、提效能。大力推进国家级相对集中行政许可权改革试点，把过去纵向型审批流程改成扁平型，审批效率提速40%以上。率先实行工商登记"先照后证""三证合一"，上级明确的前置改后置审批事项全部落实到位；事中事后监管实现同步加强，工商、质监、食药监"三合一"改革顺利推进；综合行政执法改革持续深化，实现"一个领域一支队伍管执法"。在新一轮省审改办组织的简政放权创业创新营商环境评价中，如皋市总体排名位居江苏省第一。

1. 率先在江苏省推出"一件事"改革，持续打造"放管服"改革升级版

从办事者的视角，整合事项、再造流程、共享信息，将审批服务进行"打包"，围绕"个人生活、企业经营、项目建设"三大主题"全生命周期"升级改版，并将"一件事"服务专窗下沉前移，在婚登处设立"婚育服务一件事"窗口、在14家银行设立"补办社保卡服务一件事"窗口、在14个镇（区、街道）派出所实现"新生儿出生一件事"窗口。在江苏省率先推出"电力接入工程项目审批一件事"，一窗受理，并联审批，从原来的至少20个工作日办结，压缩至5个工作日，压缩时间达75%。

2. 首创容缺审批服务机制，优化项目建设全流程服务

一是在江苏省首创容缺审批服务机制，推行容缺审批、并联审批、"多评合一""多图联审""网上中介"优化项目审批机制。二是线下分设"立项用地规划许

可""工程建设许可""施工许可""竣工验收"四阶段"一窗受理"窗口，分阶段开展项目审批服务，整合工程建设领域收费窗口，设立综合收费窗口，实行"一窗收费"。三是线上按照南通市审批管理系统要求，将工程建设项目从立项到竣工验收涉及的各个审批、服务事项全部纳入，开启工程建设领域"一网通办"新征程。四是工程建设项目四个阶段和水、电、气等市政公用服务实现"一个系统"统一管理、"一个窗口"综合服务、"一张表单"整合材料的服务模式。

3. 首创市场准入证照联办审批机制，优化市场主体全生命周期服务

一是大幅度压缩企业开办时间。在江苏省率先实现企业开办工商登记、公章刻制、银行开户、发票领取全链办结时间从改革前的15个工作日压缩到改革初的3个工作日。二是切实提高企业开办便利度。设立"创业者驿站"企业开办"一站式"服务专区，新开办企业提供免费印章刻制服务，降低企业成本。三是全面推进开办企业全程电子化。线上通过江苏政务服务旗舰店开办企业半日通实现一网申报、一窗受理、并联审批、一站办结，线下专设企业开办全流程绿色通道专窗，实现开办企业全程电子化率100%。四是简化市场主体注销程序审批机制。对领取营业执照后未开业、无债权债务企业实行简易注销登记，使企业退出市场更加便利。五是实行放宽住所（经营场所）登记条件。极大地简化了住所（经营场所）申请材料，无需申请人提供相关证明材料，各类市场主体登记量每年同步增长。

4. 有序推进电子证照国家试点

贯彻落实国务院办公厅《关于依托全国一体化在线政务服务平台开展电子证照应用试点工作的通知》的要求，如皋市作为国家级试点，江苏省两个县级市之一，承担"对道路货物运输经营者的经营条件的年度审验"的试点工作。

5. 率先在江苏省探索开展"智慧政务"服务模式，提升政务服务信息化水平

一是2020年在江苏省首推政务服务智能客服系统。融合运用5G、大数据云概念、区块链技术等新一代信息技术，推出江苏省首个政务服务智能客服系统——"云上如意店小二"，"数字化"开启政务服务新模式。实现跨部门、跨区域审批事项汇集、管理，首创H5可视化申报流程和操作要领，应用人工智能技术提供7×24小时咨询服务。二是首推"远程踏勘"服务。创新推出"远程选址、远程指导、远程验收"的"远程踏勘"三大特色服务。三是在南通首推公共资源交易项目"网上电子询价"。通过制定"线上谈判告知函"，开启了政府采购竞争性谈判的新模式。四是全面推行公共资源交易"不见面"，降低企业成本，提高"不见面开标"覆盖面。

6. 升级改造中介服务平台，提升中介服务质效

一是建立涉审行政审批中介服务事项目录清单，按照"公开、公平、公正"和"非禁即入"的原则，面向全国中介机构开放如皋市涉审中介服务市场，激发市场活力。二是依托省政务服务网如皋平台，搭建"如皋市网上中介机构信息管理系统"。建立起以网络为主、实体为辅的"中介超市"，让中介机构由"背靠背"分散式办公变为线上线下超市服务。三是完善考核，强化监督。结合业主评价、行业主管（审批）部门评价、中介管理部门评价等内容，加强对进驻中介超市的中介机构的监督考核，强化考核结果运用，建立调整和退出机制。

7. 深化公共资源交易领域改革，全面提升公共资源交易管理质态

一是加强制度建设，推进工作规范化。先后出台各类规范性文件，推进公共资源交易领域的阳光防范体系建设。二是加快平台整合，推进服务高效化。围绕"文件电子化、标书在线传、开标不见面、专家异地评、结果线上达、过程全留痕"的目标，实现工程建设、政府采购、产权交易、国企采购等的全流程电子化。三是优化流程，缩减办事时限。四是强化公共资源交易监督管理。制定开评标现场日常巡查制度、全过程电子监控制度以及社会监督员制度等。五是加强信用评价，推进考核制度化。梳理形成公共资源交易领域负面清单，开展投标人履约承诺，提高交易主体信用意识。

8. 推行代办帮办制度，不断提升服务质效

一是组建帮办代办服务中心，增强团队力量。根据项目的办理进度、申报各阶段的特点，主动到镇（区、街道）、企业开展上门帮办服务，开展重点帮办和集中帮办，及时化解项目审批过程中的矛盾和问题，全面打响便企、利企、亲企的五星级项目帮办服务品牌。二是各镇（区、街道）相应建立专业化的代办员队伍。选派政治素质好、业务能力强、发展潜力大的年轻干部担任代办员，为投资项目提供从企业设立登记到竣工备案的全周期代办服务，推动项目审批便捷高效。

9. 高效监管，提高事中事后监管效能

既要放得下又要接得住，既要放彻底又要管到位，实现从"严进宽管"走向"宽进严管""宽进善管"。一是强化综合监管。推行"双随机、一公开"跨部门监管模式，贯彻"进一次门、查多项事"的监管理念，加强对市场监管领域检查的统筹协调，尽量减少"进门"频次，实现监管效能最大化、监管成本最优化、对市场主体干扰最小化。二是强化"互联网+"监管。运用互联网、云计算和大数据等现代信息技术手段，动态更新监管事项清单，持续推进监管数据汇聚，加强风险跟踪预警，提升

监管智能化水平。三是强化信用监管。推动建立事前信用核查和信用承诺、事中信用分级分类和随机抽查、事后联合奖惩和信用修复的全过程闭环监管制度。四是强化社会共治。整合12345、12315等各类投诉举报信息、互联网重大舆情监测信息等，充分发挥信用服务机构和行业协会商会等社会力量作用，支持开展第三方监管，提升企业守法诚信经营意识。五是包容审慎监管。按区域、按行业监管的习惯，探索创新监管标准和模式，发挥平台监管和行业自律作用。

10. 推进基层政务体系建设

根据《市委办公室市政府办公室印发〈关于推进基层整合审批服务执法力量的实施方案〉的通知》（皋办〔2020〕37号）文件精神，各镇街成立为民服务中心，开通镇街政务服务统一门户和村（社区）网上服务站点，实现"互联网+政务服务"基层全覆盖，打通为民服务最后一公里。目前，梳理镇级公共服务事项67项，村级便民服务事项44项，已作为江苏省基础事项录入省政务服务网。市所属14个镇街道、347个村社区均完成省网入库工作。同时做好国家级经济技术开发区委托赋权工作，将涉及工业项目全链审批35个事项全部委托给开发区行使。依托市级"智慧政务平台"升级改造，推动镇、村政务服务事项网上申报、网上办理，打造规范、透明、便捷的政务服务载体。

二、设置市镇两级市域社会治理现代化指挥中心，实现一个平台管指挥

2020年6月，如皋市委市政府主动策应南通试点相关工作要求，经过充分调研论证，出台了《市委办公室市政府办公室印发〈关于推进基层整合审批服务执法力量的实施方案〉的通知》（皋办〔2020〕37号）。设立如皋市市域治理现代化指挥中心，为市政府直属正科级机构，各镇（区、街道）同步成立镇域治理现代化指挥中心。

如皋市指挥中心紧紧围绕"数据汇聚、智能搜索、集约服务、分析研判、监测预警、联动指挥、行政问效"七大功能定位，积极探索"一个中心管全域、一个号码管受理、一个平台管全程、一张网格管治理、一套制度管保障"的"五个一"市域治理新模式，努力构建联动协调、实战指挥、一线处置的市域治理体系，务实推动各项目标任务落地见效。

1. 高效建设市镇两级指挥中心，实现"一个中心管全域"

如皋市市域治理现代化指挥中心整合公共治理、12345、数字城管、网格化服务

管理的指挥考评职能，挂"大数据中心、网格化管理中心、12345政府公共服务中心"牌子，各镇（区、街道）治理现代化指挥中心挂"网格化服务管理中心"牌子。通过横向联动61家部门和单位，纵向指挥14个镇（街道）、347个村（社区）和1459名网格员，形成"横向到边、纵向到底"的四级联动指挥体系，实现"一个中心管全域"。2020年，市指挥中心围绕"做什么、怎么做、谁来做"开展"市域治理提质增效年"大讨论活动，明确"做强一个指挥中心、做优两项支撑（基础平台、应用平台）、做实三大治理体系（大受理、大联动、大监管）、做活四大重点工程（党建引领、强基固本、数聚赋能和精细治理）"工作思路。3月中旬，围绕市镇两级指挥中心作用发挥，组织召开全市市域治理现代化推进会议，对2021年各项工作任务进行再部署、再细化、再落实，同步出台《关于规范和加强市镇两级区域治理现代化指挥中心运行管理工作的实施意见》、2021年市域治理工作要点等文件。

2. 统筹推进政务服务热线整合，实现"一个号码管受理"

为不断优化政务服务质量，持续推动营商环境改善提升，如皋市依托原12345市长公开电话，通过直接整合、并联整合、协约管理等方式，整合全市34个部门（单位）的77条8位数政府服务热线，开展123**部门特服号码的调研摸底工作，结合如皋市实际，形成热线整合实施方案，努力破解热线电话"号难记、话难通、诉难求、事难办"等问题，着力打造便捷、高效、规范、智慧的政务服务"一号总客服"。依托"南通百通"如皋频道、如e融媒等平台拓宽12345在线受理渠道，深化"三延"工作法（群众诉求延伸到事件现场，群众所盼延伸到政策层面，群众所怨延伸到民主考量）和老干部协调解决问题等特色做法，构建"全天候、全媒体、全覆盖、全方位、全质效"的12345政府公共服务新体系。2020年度，如皋市受理各类诉求25609件，高质量承办国务院"互联网+督查"交办件5件、省12345交办件410件、南通12345交办件936件，牵头召开疑难事项专题协调会10余次，协调解决乡镇卫生所退休人员慰问金发放、某退役军人军龄计算错误导致待遇发放偏低等疑难事项16件。

3. 全力打造市镇两级指挥平台，实现"一个平台管全程"

聚焦"智治"建平台。组建由交通、应急、生态环境、城管、公安、市监等部门参与的工作专班，召开专题部署会议，实行"挂图作战"，加快推进市域治理"1个数据中台，3个专题图（联动指挥、政情民意和生态环境），3个创新应用（'放管服'综合研判、危化品生产全周期监管、食品安全全流程监管）"平台建设，确保2020年6月份上线运行。聚焦"双全"汇数据。全面梳理部门政务信息系统，及时汇聚易肇事肇祸、严重精神障碍患者等平台数据，推动"全量数据"应归尽归；组织开展长江禁捕信息化监管等项目论证评审，切实规范数据增量。协同技防城项目建设，牵头编制《全市新一代雪亮技防工程（新时代技防城）建设实施方案》，协同推进三年新建39000路前端感知设备和后台计算存储平台建设任务的落地落实，助推"雪亮工程"在长江禁捕、违建整治、疫情防控、重点人群管控等方面的工作发挥最大效用，不断提升市域治理智能化水平。聚焦"三实"强应用。立足实战，围绕重难点工单核查、企业复工复产疫情防控情况、群众热点诉求等主题，通过单兵、无人机、固定视频等多兵种联合方式，常态开展实战演练24次；有力保障省委政法委相关领导调研等重大活动的顺利进行，实战能力稳步提升；立足实效，常态化应用"危化品全流程监管平台"，监测、核查危化品预警信息151件，排查整治群租房隐患7件；针对异常驻留轨迹和疑似车辆线索，落实专人连续蹲守，发现并固定非法流动加油证据50余件，助推相关单位立案查处5起，行政拘留3人，罚没油品6.92吨；联合印发《群租房预警核查和处置工作办法（试行）》，进一步规范群租房预警核查和处置工作流程，形成指挥统一、部门联动、资源整合的群租房一体化监管体系，全面提升群租房智慧管控平台运行质效。会同检察院、法院等单位组建市生态环境保护执法司法联动中心，联动共享相关数据信息，构建"检格+网格"生态文化公益保护协作体系。

4. 深入推进网格化服务管理，实现"一张网格管治理"

推进融合共享。在市委政法委指导下，协同市网格办出台网格化服务管理工作考核办法，进一步强化网格工作融合度，将"全要素网格"主基础有机融入"指挥中心"主平台，探索建立"网格吹哨、中心联动、部门报到"的联动工作体系。夯实网格基础。为全面展示如皋市优秀网格长、网格员工作风采，树立典型、表彰先进，协同市网格办举办第二届"最美网格员"表彰颁奖典礼，进一步激发网格长、网格员工作热情，推动如皋市网格化服务管理工作再上新台阶。做实巡查走访。常态开展巡查走访，组织开展"网格大排查大整治""矛盾纠纷百日攻坚""违法违规小化工整治""民法典宣传进网格"等专项行动，充分发挥网格员在疫情防控中的前哨作用，用一双双"铁脚板"摸排40万余户、140万余人，为居家隔离人员提供服务3万多次。2020年，全市网格员采集上报事件14.8万余件，开展安全隐患排查7000余次，为群众代办服务事项5.8万余件，开展特殊人员巡查走访5.2万余人次。

5. 建立健全市域治理运行机制，实现"一套制度管保障"

优化联动指挥体系。研究出台《市域治理现代化联动指挥运行管理暂行办法》，进一步规范联动运行管理机制，不断畅通市域治理联动指挥体系；出台《重大突发事件报送规范》，整合应急资源，完善指挥体系，进一步提升应急处置水平；出台《部门入驻人员管理办法》，充分发挥部门入驻人员作用，实现事件处置的实时、高效、联动。健全分析研判机制。高质量编制专题分析研判报告10期，为领导提供决策辅助。比如，围绕春节期间燃放烟花爆竹和烧"斗香"等群众热点诉求，及时编撰专题专报，市委主要领导第一时间批示，市文明办、市机关工委、市民宗局、市263办公室等单位跟进推出多种措施合力解决。强化过程问效。实行"周提醒、月通报、季评估"制度，将晾晒实绩作为展示成绩、鞭策后进的重要手段，进一步鼓励担当，激发实干赶超积极性，营造奋勇争先的良好氛围，为年度各项目标任务高线达标奠定基础。

三、开展综合行政执法改革，实现一个领域一支队伍管执法

1. 在全国率先成立六支综合行政执法队伍

（1）坚持因地制宜，精心谋划改革方案。2015年，中央编办下发综合行政执法体制改革试点工作意见后，如皋市组织召开专题学习会议，深刻领会改革的总体要求，深入了解改革的主要内容，不断加深对推进跨部门跨领域综合执法的认识。在吃透文件精神的基础上，切实找准如皋市综合行政执法体制改革的切入点和发力点。一是认真组织调查研究。为夯实改革基础，详细摸排全市承担执法职能的机构、编制、人员、经费来源、执法内容、执法依据等，并对文广新局、市场监管局、农委、农机局、水务局、体育局、旅游局、粮食局、商务局、城管局、住建局、人防办等18家涉改单位开展了专项调研活动，在调研过程中，统一部门思想，拓展改革思路。二是广泛全面征求意见。综合行政执法改革试点工作涉及面广、情况复杂、任务艰巨，如皋市以勇于担当的毅力和勇气履职尽责，分别召集人大代表、政协委员、乡镇主要负责人、市级机关相关部门负责人召开座谈会，广泛征求意见，在此基础上研究出台了《深化行政执法体制改革、全面推进综合执法的实施意见》，明确提出了以"整合规范执法主体、推动执法重心下移、优化执法力量配置、完善基层执法制度体系和创新执法监管方式"为主要内容的综合执法试点方案，确定了试点工作路线图、时间表和任务书。

（2）坚持突出重点，精确实施改革内容。为确保改革，如皋市精确把握关键环

节，围绕"机构挂牌到位、队伍组建到位、配套保障到位、人员培训到位"，组织工作督查、开展座谈调研，不断推动综合执法队伍规范运转。一是机构挂牌到位。对县级18个部门、26支执法队伍、32个执法科室进行职能、机构和人员的整合。在农林水利、文体旅游、城市管理、市场监管4个领域组建综合执法队伍并挂牌到位。同时，在交通运输领域组建交通运输综合执法大队；在环境保护领域设立基层环保分局，实施环境保护综合执法。如如皋市组建的农林水利综合执法大队，整合了市水务局、农业机械管理局的相关职能及执法队伍，并对市农业委员会所属的农业行政执法大队、动物卫生监督所、市水产技术指导站的相关职能及执法队伍进行了整合，执法主体由7个整合为1个，实现了真正意义上的"一个领域一支队伍管执法"。二是队伍组建到位。将撤销单位的相关职能及人员编制划入新组建的综合执法队伍，农林水利综合执法大队现有42人，增加6人；文体旅游综合执法大队现有13人，增加6人；城市建设管理综合执法大队现有73人，增加7人，综合执法力量得到有效加强。三是配套保障到位。确保改革所必需的基本装备第一时间配套到位，从办公场所落实、日常办公设备添置、服装标志统一到执法记录仪、便携式电脑、GPS定位仪器、录音录像设备等基本执法仪器的配套，均限时保质完成。四是人员培训到位。明确所有执法人员岗位职责，并采用网上学习、集中学习、老带新学习、边实践边学习等方式，让所有执法人员快速了解和掌握新的行业法规，定期举办一次案情讨论分析会、以案说法交流会，提升执法人员的实战能力和办案水平。

（3）**坚持问题导向，精准发力改革难点**。在推进改革的进程中，如皋市注重研究改革遇到的新情况新问题，提高改革精准发力和落地能力，扎扎实实把改革举措落到实处。一是强化协作配合。为切实加强综合行政执法部门与相关行政管理部门的协作配合，如皋市先后制定出台了两个文件。制定出台《如皋市政府关于相对集中相关领域行政处罚权的通知》，《通知》除规定了相关划转的事项外，着重对实施行政处罚权相对集中后，有关部门的工作要求和法律责任进行了明确。制定出台《如皋市相关领域相对集中行政处罚权办法》，《办法》在综合行政执法机关、行政许可机关、原行政机关之间建立了信访举报投诉首问负责制、执法联动机制、案件移送机制、互相监督机制、信息共享机制五个协调配合机制，形成了信息互通、整体联动、无缝对接的制度体系，为提高综合行政执法效能提供了坚强的保障。二是强化跟踪调研。随着改革进入深水区、攻坚期，如皋市不断强化跟踪调研，通过召开编办、法制办以及涉改部门之间的专题会商会议、调研座谈会议等方式，切实找准、找全改革中存在的问题。找出问题后，把解决突出问题作为工作的重心，逐个部门跟踪、逐项任务推进，促进改革健康发展。三是强化考核奖惩。通过建立和完善对试点工作的考核机制，不断强化改革试点工作责任的落实。对行政管理机关主要考核在贯彻落实综合行政执法改革的决策指示以及指导帮助综合执法队伍方面的工作成效。对综合执法机关主要考核贯彻落实两个文件精神的力度和成效。同时，市四套班子领导将改革试点工作列入视察调研的重要内容，多次到综合执法改革涉改部门检查试点工作情况，有力推动了改革试点工作的开展。

2016年，中央编办主任会议、江苏省编办主任会议和综合执法改革现场会在如皋召开，学习推广如皋"一个领域一支队伍执法"的经验做法。

2. 综合执法力量下沉镇街

为推行综合行政执法，推动执法重心下移，大幅减少机关行政人员，有效解决基层执法队伍分散、执法力量不足的问题，从根本上改变过去那种"看得见的管不着、管得着的看不见"的尴尬处境，如皋市要求各执法机关将执法力量下沉到镇街，实行日常管理以镇（区、街道）为主、专业执法以部门为主的管理模式。如市场监管领域，在全市所有镇（区、街道）均设立了基层分局，机关业务科室由原来的27个精简到13个，基层派出机构由9个上升到14个，基层人员配比由52%上升到75%，实现监管关口前移、监管重心下沉；农林水利领域，市农林水利综合大队设置6个基层中队，每个中队管辖1~3个镇（区、街道），基本做到行业执法的全覆盖、无死角。城管局在各镇街设立城管中队，同时自2018年起，市委明确到各街道和四个中心镇的城管中队长挂职所在镇街的副镇长或街道副主任，承担行政执法综合协调工作。为此，城管局选派7名优秀的骨干到三街道和四个中心镇任职，目前已有六名城管中队长被提拔为镇领导班子成员，极大地调动了城管执法人员到基层一线工作的积极性，也传递了城管人员的精气神，弘扬城管队伍的正能量。

3. 镇街赋权式改革

为贯彻江苏省、南通市三整合改革试点要求，根据如皋市《市委办公室市政府办公室印发〈关于推进基层整合审批服务执法力量的实施方案〉的通知》（皋办〔2020〕37号）的文件精神，各镇街均设立综合行政执法局，挂综合行政执法办公室牌子，为了综合执法改革的顺利实施，确保实现部门权力放得下、基层接得住、运行得好的目标，如皋市试行七个统一机制。

（1）统一机构设置。各镇、街道综合行政执法机构统一名称为"如皋市××镇

（街道）综合行政执法局"，挂"如皋市××镇（街道）综合行政执法管理办公室"和"安全生产监督管理局"牌子，为镇政府、街道办事处的职能机构，以镇、街道的名义开展行政执法工作，接受市城市管理局（市综合行政执法局，以下简称市城管局）的业务指导和监督考核。

（2）统一职能配置。各镇、街道综合行政执法局的日常管理事项包括镇、街道的镇（市）容秩序管理（含规划建成区范围内户外广告设置和店招标牌管理）、环境卫生管理（含垃圾分类治理）、物业管理（含住宅装饰装修管理），以各镇、街道的名义实施，法律责任由各镇、街道承担。首批下放镇街的行政执法事项以城管领域为主，行政执法职能依据市政府赋权镇、街道的权力清单，以各镇、街道的名义实施，法律责任由各镇、街道承担。建立各镇、街道行政执法事项动态调整和向社会公开机制，需要动态调整的行政执法事项由市城管局提出，经市司法局审核报市政府同意后上报审批。

（3）统一执法协调机制。一是建立健全行政执法制度。各镇、街道综合行政执法局应当建立健全行政执法公示制度、执法全过程记录制度和重大执法决定法制审核制度，制定完善的行政执法过错责任追究机制、双随机抽查机制、失信行为联合惩戒机制、重大风险监测防控机制、"互联网+执法"机制、行刑衔接机制等，推进综合行政执法法治化、规范化、制度化、信息化建设。二是建立综合行政执法统筹协调机制。各镇、街道综合执法局应当加强在本区域范围内市级部门派驻执法机构和执法人员的统筹协调工作。市级部门派驻执法机构和执法人员应当服从和配合镇、街道的综合执法协调，开展相关联合执法工作。市城管局建立业务指导、工作例会、专项督查、重大问题研究协调、执法绩效评估和年度考评等工作制度。根据工作需要，可以调度各镇、街道综合执法力量进行统一执法、联合执法、交叉执法，加强对镇、街道综合执法工作的指导、协调和监督。各镇、街道相互间因管辖区域和职责不清产生争议的，提请市城管局协调处理；各镇、街道因执法事项与市级其他执法部门发生争议的，提请市司法局协调处理，市城管局或市司法局协调不成的，由市政府决定。各镇、街道综合行政执法局对发现不属于管辖范围的涉嫌违法案件，应当移送有权部门。移送材料和程序按照《市政府关于印发〈如皋市相关领域相对集中行政处罚权办法〉的通知》（皋政发〔2016〕40号）文件执行。

（4）统一执法标准。各镇、街道综合行政执法局应当统一执法标准体系。统一执法文书，统一案件案由，统一执法流程。

（5）统一人事管理。各镇、街道安全生产监督管理局的人员编制和职能履行应单独核定，镇街综合行政执法局应当配备不少于6名具有行政执法资格的人员，围绕城镇管理和综合执法主责主业开展工作，原则上不得外借。辅助执法人员的管理与配备执行《市政府关于印发〈如皋市城市管理辅助执法人员管理办法（试行）〉的通知》（皋政规〔2019〕1号）文件规定，各镇、街道原聘用的辅助执法人员，符合文件规定要求的，可继续聘用，不符合条件的，合同到期后予以解聘，妥善安置分流。

（6）统一执法保障。各镇、街道综合行政执法局应当根据《住房和城乡建设部办公厅关于印发城市管理执法装备配备指导标准（试行）的通知》（建办督〔2020〕34号）文件要求，配备各类执法装备。办公用房、办公设备、执法装备和制式服装等运行经费以及执法人员的食宿由各镇、街道予以保障。

办公用房应当配备相对独立的固定办公场所，并逐步配备案件调查室（谈话室）、扣押物品存放室、会议室、档案室、执法装备保管室、执法记录仪采集站（工作站）等业务用房。

办公设备应当配备必要的电脑、打印机、传真机、扫描仪、电话、空调、宽带网络等，满足日常办公和执法需要。

执法交通类装备应当配备人均1个座位以上的行政执法车、执法工具车和专用指挥车。执法车应当配备行车记录仪、车载卫星定位系统、车载指示灯。可根据需要选配电动自行车、自行车、电瓶车、移动执法站、车载照明器材和车载净化器等执法装备。执法车应当参照住建部关于城市管理执法执勤用车标识涂装式样，喷涂"综合行政执法"字样，并实行统一编号。

执法取证类装备应当每人配备1台执法记录仪、执法手持终端和应急电源，每2人配备1台数码录音笔，每5至10人配备1台高清摄像机和1台数码照相机，每台执法车配备1套车载取证设备、1台手持喊话筒和1个皮尺。可根据需要选配激光测距仪、红外夜视仪、标签打印机、便携式打印机、移动扩音系统等执法装备。

制式服装应当参照住建部关于城市管理执法制式服装和标志标识的式样统一制作配发，标志标识字样为"综合行政执法"字样。

（7）统一监督考核。根据《2020年度镇（区、街道）推进高质量发展考核实施方案》（皋考发〔2020〕1号）文件精神，在江苏省、南通市对如皋市高质量发展考核项目即垃圾分类治理的基础上，新增城镇管理与综合执法考核项目，并将其纳入如皋市高质量发展考核指标内容。考核内容主要包含镇、街道市（镇）容秩序管理、环境卫生管理、户外广告和店牌店招管理、建设工地扬尘管理、物业管理、违法建设的巡查监管、综合执法效能等，考核实施方案、考核细则由市城管局负责牵头拟订并组织考核实施。

四、如皋市长江镇开展综合执法情况

1. 机构设置

长江镇作为江苏省经济发达镇，首批开展综合执法改革，长江镇综合行政执法局为镇政府内设正科级机构，设局长一名，副局长四名，主要职责是代表镇人民政府统一行使除限制人身自由以外的行政处罚权和行政强制权，共承接12个市级部门（住建、规划、城管、发改、人防、人社、体育、科技、民政、文广新、安全生产等）下放的行政执法权限1245项。现有综合执法人员21名，其中公务员11名，事业人员10名，协管员105名。内设综合督查科、法制审核科、环境保护科、执法一中队、执法二中队、安全生产执法中队，执法一中队下设物管办、环卫办、机动分队及四个区域分队。执法一中队负责市容市貌、环境卫生、规划建设的违章查处、渣土运输、市政工程、园林绿化的监管及环保监控；并负责政府交办的各项中心工作以及突发性事件处置等。执法二中队负责镇区环保、药监、人社、民政、体育等行政执法及劳动纠纷的调解。安全监管中队负责镇区安全生产的执法工作。

2. 明晰权责清单

经江苏省政府批准，长江镇共承接住建部门（含房产、建工）101项、城管198项、规划14项、发改14项、人防43项、人社48项、科技18项、民政70项、文化广电旅游体育554项、安全生产185项，合计1245项行政执法权限，其中行政处罚1210项，行政强制35项。

3. 建设两大平台

一是建设综合执法数字指挥中心。将市容、交通、治安、环保、规划、建工、市场监管、安监、市政、物业、供水供气供电、通信等30多个部门共同纳入指挥中心，建立起城市网格化管理信息平台，实现现代数字化、网络化、智能化的综合管理。二是研发了ERE综合执法系统平台。该项技术顺应了综合执法改革创新的潮流，指挥中心通过双随机系统抽取被检查单位并发送指令到随机抽取的执法人员执法终端上，执法人员按照指令进行执法检查，通过执法终端上的ERE系统，依照检查表列举的项目进行检查，对存在的问题进行拍照取证，上传到平台，同时下放整改通知书，依法应该立案的依照一般程序进行查处，真正实行了数字执法。该系统一步整合了执法资源，减少了案件流转环节，推动了执法工作由突击型向长效型、粗放型向精准型、单一型向互动型的转变，提高了整体执法效率。

4. 健全工作机制

一是责任清单机制；二是双随机一公开抽查机制；三是投诉举报奖励机制；四是告知承诺联合惩戒机制；五是重大风险监测防控机制；六是绩效评估考核机制。

5. 推进三化融合

监管智能化。数字综合指挥中心将行政许可、行政监察检查、行政强制、行政处罚四类信息进行汇总整合，按照"凡进必受监督"的原则和事前、事中、事后全链条监管要求，明确监管主体、监管内容、监管范围、监管措施、监管依据、监管标准、监管程序。并通过日常行政监察检查，将全镇企业、五小行业、个体工商户等生产经营情况及时准确录入指挥中心系统，为实现整个行政执法事务的数据化、智能化奠定了基础。

信息共享化。行政服务中心在受理许可申请时，办理人员只需登录系统就可以实时查阅申请单位的生产、经营情况，有无违法违规的行为或其他不合乎审批条件的情形；行政监察检查中发现需要进行行政强制或行政处罚的违法违规问题，均可以通过系统直接转至相关执法中队，真正实现了各部门、各环节之间的无缝对接，极大地提高了服务的效能。

管理科学化。长江镇在全镇范围内推广了"双随机"抽检制度。所谓"双随机"，即被抽检单位和执法人员均随机抽取。被系统选中的执法人员收到信息后，通过移动ERE数字执法装备登录综合执法系统，在待办事项中查看被抽查企业的许可经营项目、抽查记录、处罚记录等，囊括了行政许可、行政监督、行政强制、行政处罚相关信息；点击执法检查，进入执法表菜单，执法人员严格按照执法检查表对被抽查企业进行逐项检查，根据实际抽查结果点击对话框"是"与"否"，现场填写执法检查表。对不符合要求的现场拍照取证，同时在执法表上及时备注。系统将自动对检查结果进行评级，如需整改的企业，执法人员可以通过移动ERE数字执法装备现场打印整改通知书发放给企业。所有的检查结果将自动汇总到后台数据库，并与审批中心进行信息共享，方便了执法人员的执法，更避免了随意执法和任意执法。

6. 综合执法改革成效

长江镇综合执法局2016年办理案件1035件，其中简易程序案件981件，一般程序案件54件；2017年共办理案件1998起，其中简易程序案件1870起，一般程序案件122起；2018年城管一中队共立案查处各类案件3116起，其中简易程序案件3050余起，一般程序案件66起；2019年办理案件共2188起，其中简易程序案件2100起，一般程序案件88起；2020年查处案件共1958起，其中简易程序案件1850起，一般程序案件108起。执法案件基本做到事实清楚、证据确凿、适用法律正确、处罚自由、裁量适当，基本实现了推进基层综合执法改革的预期。

第五节　中新天津生态城全面推行网格化服务管理体系

一、生态城网格化管理工作背景

为深入贯彻落实党的十九大、十九届四中全会提出的"打造共建共治共享的社会治理格局"工作要求，从根源上减少矛盾纠纷的发生，按照天津市滨海新区区委、区政府《关于全面推行网格化服务管理体系的实施意见》工作部署，生态城坚持把群众需要作为工作落脚点，在提升政府服务力、释放居民自治力、强化社会组织凝聚力上下足功夫，探索出基层社会治理新模式，在区域内推行网格化服务管理。

随着区域的开发建设，生态城社会运行快速多变，人、财、物流动性大，信息变化频繁，社会管理日趋庞杂，社会治理难度越来越大，成本越来越高。生态城网格化管理建设旨在不断加强社会治理建设，夯实社会基层治理工作基础，提高社会治理水平，改进政府治理方式，将辖区按照一定标准划分成若干单元网格，整合基层各种服务管理资源，把人、地、事、物、组织等要素全部纳入网格进行管理，并结合智慧城市建设，利用信息化手段，及时反映人民群众各方面、各层次利益诉求，提高社会治理的精细化、社会化、法治化、专业化及智能化水平。

二、生态城网格化管理实践经验

（一）成立高位统筹的网格化管理领导小组

为保证网格化管理工作顺利实施，打造"全科网格"，建成社会治理"一张网"，生态城高位谋划、高位推动，成立了生态城网格化管理领导小组，由管委会主任担任组长，党委办、社会局、城管局、环境局、执法大队及各相关单位为成员，领导小组办公室（生态城网格管理中心）设在党委办，负责网格化工作的日常管理。从业务上整合了党建、综治、社区治理、城市管理等资源，实现网格化事件、8890热线、热点问题相关案卷在生态城网格化体系中处置到底的效果。

（二）建立社区网格和巡查网格全覆盖的管理机制

生态城网格按照功能划分为A、B两类网格，两类网格协同覆盖生态城全部区域，如图1-28～图1-30所示。A类网格为社区网格，主要针对社区内部，19个社区网格涵盖目前所有建成小区，每个社区网格设1名网格长，由社区居委会负责同志兼任，负责自行处置或向网格管理中心上报问题；B类网格为巡查网格，主要针对社区以外的街面、道路等，8个巡查网格覆盖生态城区域全部道路及点位，每个巡查网格设1名网格长，由执法大队各中队长兼任（每个网格长负责2~3个网格）。此外，每个网格均设置1名网格监督员，由管委会各部门主要负责同志担任，采用包片机制，负责协调、督办网格内的重点、难点问题。

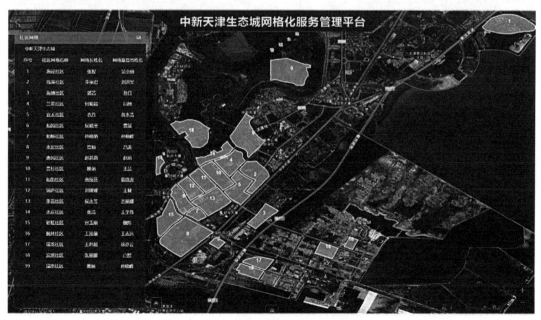

图1-28　中新天津生态城网格化服务管理平台

（三）搭建高度集成、智能高效的网格化服务管理平台

2020年6月，生态城网格化系统平台启动建设，9月份进行试运行。系统平台综合展示生态城基础信息、上报案件综合分析、最新案件动态展示、案件上报来源分析、高发问题公示、责任部门处置情况六大模块，对生态城发生案件及处置情况进行综合多维度分析，同时将案件、人员、网格等数据与GIS地图联动，实现各级领导对辖区综合业务整体态势宏观掌握，以及对重大突发事件进行现场联动指挥。

图1-29 中新天津生态城网格化服务管理平台

三、网格化管理对生态城社会治理的意义

（一）网格化管理推动社会治理从条块分治向整体联动转变

以往，社会治理资源相对单一、分散，且以条块分割形式为主，现在，生态城网格化管理具有极大的延展性和动态包容性，将社会治理问题、事务纳入网格管理范畴，相关职能部门从系统平台获得相应的管理信息，具备较强的资源整合性能。网格化系统打通了城管、建设、卫生、计生、民政、劳动、环保、公安等部门的信息壁垒，实现了信息资源共享。生态城网格化系统共接入23个一级责任部门，纳入4家平台公司、10余家下级处置公司及49家物业公司，并多方吸纳基层党员干部、社区志愿

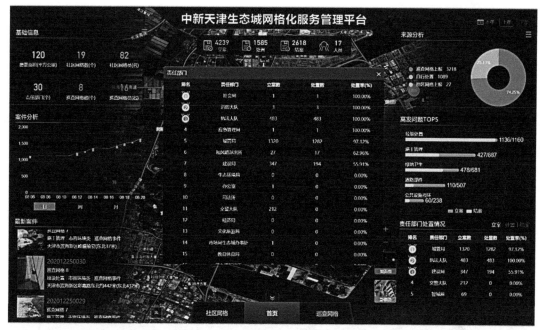

图1-30 中新天津生态城网格化管理服务平台

者、民间组织等服务力量参与，在问题处理和需求功能上实现多部门联动，全社会共同参与，寓管理于服务，以服务促管理，形成有利的社会合力，推进社会治理和谐健康发展。

（二）网格化管理推动社会治理从运动式管理向常态化管理转变

生态城网格化体系把管理部门及其工作人员的职责和责任牢牢地绑定在网格内，建立长效机制，各部门处理问题的情况通过网格化系统平台一目了然地显示在电子平台上，任何怠工行为都将无处遁形，有效提高了管理效率，实现了管理手段的信息化、现代化。同时，通过系统平台掌握案件处置情况，对职能部门、物业服务企业进行监督与考核，通过对立案和结案比例的分析，展示运行过程中的各项数据指标，为社会治理问题源头治理提供决策支持，如图1-31所示。

排名	责任部门	立案数	处置数	处置率(%)
1	社会局	1	1	100.00%
2	消防大队	3	3	100.00%
3	执法大队	483	483	100.00%
4	应急管理局	1	1	100.00%
5	城管局	1320	1282	97.12%

图1-31 排名统计

（三）网格化管理推动社会治理从粗放式管理向精细化管理转变

生态城网格化服务管理体系就城管、建设、公安、环保、卫生、民政等多项管理内容实施全方位立体化的管理空间布局，进行全时段全空间监控管理，犹如一张疏而不漏的大网，将需要管理的问题通过网格系统"一网打尽"。它把群众诉求和网格人员巡查发现的问题通过手机App上传到网格中心，系统可智能派遣至相关一线处置部门。同时，系统还可以给网格员下派"四失五类"人员走访、专项信息普查任务，实现了对重点人员、重点信息资源的全面整合共享及统筹管理，如图1-32所示。

图1-32　走访详情

（四）网格化管理推动社会治理从被动式处置向主动式服务转变

生态城网格化管理体系运行后，社区工作人员和居民关注的热点问题不再受信息渠道不畅的阻碍，政府职能部门也能随时发现问题、查处问题，避免了因信息不畅导致的服务管理缺位的困扰，有利于实现市民与政府之间的快捷互动，有利于提高群众参与社会治理的积极性。此外，生态城网格化体系中网格监督员的设置更加有利于各类疑难问题的处理，提升政府工作效能。

四、工作展望

网格化服务管理体系建设是一项系统工程，涉及行业广、部门多，推行过程中往往会遇到理念认识不到位、资源整合不到位、群众参与不到位等诸多困难，在系统运行过程中，存在部分问题归属不清、权责不明、案卷超时处置或未处置、网格员任务

落实不到位等情况和问题。因此,下一步,生态城将为进一步优化提升网格化管理水平重点做好以下几方面工作:

一是要加强组织领导。认真制定落实各项工作制度,聚焦重点、难点问题,研究汇总分析,充分发挥网格监督员协调处置作用,各相关部门"同频共振"、快速联动处置。

二是要强化工作保障。进一步厘清职责分工,优化派件流程,做好网格员、坐席员培训,做到精准报件、精准派件,为各部门履行处置职责提供必要工作保障。

三是要切实整合资源。推动网格化系统与智慧城市大脑紧密连接,实现信息共享和动态管理,发动各部门用网格处置问题、发布任务,逐步扩大网格服务范围。

四是要搞好宣传发动。运用新闻媒体等宣传渠道,深入宣传网格化服务管理的基本内涵、重大意义和基本做法,积极动员组织社会各方参与网格化服务管理,确保网格化顺利推开。

总之,生态城网格化管理是对传统社会管理模式的改革创新,是新形势下探索出来的社会治理新思维、新举措,生态城将不断推进社会治理网格化体系建设,全面提升生态城社会治理水平,增强基层治理和服务群众工作的预见性、精准性、高效性,打造生态城和谐稳定的社会环境。

第六节 合肥市包河区"大共治"社会治理新模式

一、建设背景

安徽省合肥市包河区位于合肥主城东南,辖9街、2镇、2个街道级大社区和1个省级经济开发区——包河经开区,区域面积340平方公里,其中巢湖水域面积70平方公里,常住人口142万。2019年地区生产总值突破1300亿元,综合实力跻身"全国百强区"第41位。包河区发展正处在向高质量发展、高品质建设、高效率治理转变的关键时期,推动跨越发展、转型崛起,不仅需要重大项目的持续突破、新兴产业的迅速壮大,也离不开社会环境、基层治理的优化提升。然而,与安徽省首位的经济总量、城市形象相比,社会治理能力和水平还比较滞后,环卫设施欠缺、交通管理混乱、占道经营突出、绿化标准不高、公共设施破损等管理乱象丛生。

近年来,面对基层社会治理中出现的困境以及群众对服务品质要求的不断提升,合肥市包河区学习借鉴上海"网格化管理"、北京"街道吹哨、部门报到"、杭州新时代"枫桥经验"等社会治理模式,积极探索片区管理和社会治理创新,形成了合肥高铁南站的"综合管理"、方兴社区的"大综管"、包公街道的"微综管"、望湖街道的"大联勤"等经验。这些创新和实践,在城市管理和社会治理方面取得了一定的成效,但是仍然存在着一些亟待解决的问题。为此,包河区委区政府以"共建共治共享"和"智慧城市治理"理念加强顶层设计,以"平台汇集大数据、综合执法大联动、网格治理大整合"为思路,以"十分钟管理全覆盖"为目标,推行了具有包河特色的"大共治"社会治理新模式。

二、经验做法

包河区坚持以服务人民为中心,围绕人民群众追求美好生活的实际需求,聚焦原有管理体制机制不适应、管理方式和工具不适应这"两个不适应"突出矛盾,经过深入调研、反复论证和科学设计,运用智慧城市的大数据技术,开发社会治理信息化网络平台,综合调度相关职能部门资源,统筹社会力量参与,贴近群众诉求,开展协同指挥、综合协调、分级负责,依法处置,化解社会治理领域存在的问题和矛盾;加强基层力量,以党建为引领,治理重心下沉,走进居民群众身边提供贴身服务,让群众更多地共享获得感,从而保障城市稳定有序健康运行,促进城市社会和谐;规范制度体系,坚持法治引领,出台了《包河区推行"大共治"实施意见(试行)》《包河区"大共治"执法体制改革实施方案(试行)》《包河区"大共治"网格化治理实施方案(试行)》《包河区"大共治"热线平台整合实施方案(试行)》以及"大共治"考核办法、创建标准化网格实施方案、星级网格员评选办法等文件和制度,通过制定一系列意见、方案、办法等相关文件,形成了一套稳定的网格化治理制度体系,如图1-33所示。

图1-33 包河区网格化服务管理中心

（一）平台汇集大数据，变"碎片化"为一体化

针对当前数字化管理平台普遍存在的由于部门、街区分割造成的信息共享碎片化、平台部署分散化、支撑应用重复化、数据标准随意化的现状，包河区系统整合业务流、工作流、信息流，以区级平台为中心，街镇平台为枢纽，居村工作站、网格员手持掌上电脑、微信小程序等为基点，融合GIS、图像监控技术和大数据分析研判系统，以"打造基于5G物联的城市最强大脑"为定位，打造大共治一体化信息平台，实现五大功能，如图1-34所示：

数据集成。按照直接合并、双号并存、互联互通等方式，整合12345、12319以及环保、市场监管、应急管理等各类热线平台，实现"一口受理、分类处置"。通过共享、采集等方式，汇集城市管理、公共安全、公共服务等信息资源，打破信息壁垒，建立统一的数据信息库，实现各级各部门信息共享和工作联动。

实时监测。汇聚整合并动态更新全区范围内"人、地、事、物、组织"等基础信息，并与大共治管理事项进行关联，实时监测全区城市管理和社会治理的运行状态。设置各类数据监测指标体系，对业务流程中每个环节进行实时监管；通过综合评价系统、监督指挥系统、网格员管理系统全面掌握全区各级各部门履职情况、工作成效。

闭环处置。制定大共治平台案件办理工作规范，建立城市管理和社会治理案件发现、受理、派遣、处置、核查、结案、考核和评价的标准化工作流程，实时感知每个环节处置情况并设置预警系统。针对主动发现和被动受理两种不同来源的问题，实行

图1-34　方兴社区大共治中心

分级分类办理或者联动处置。

指挥协同。依托大共治数据信息库和相关系统，对重点事项以及突发性事件进行智能化研判分析，形成相应的应急预案，对预案的响应条件、响应流程、所需应急人员、所需应急物资进行匹配，并将指令迅速下达到相关责任部门和处置人员，为调查取证、现场处置、实时反馈提供技术支持，实现统一指挥调度，并全程监控事件的处理过程。

多元应用。分析研判事件的发生特点、趋势以及变化规律，为科学决策和精准施策提供支撑。设置综合评价指标体系，从运行情况、问题来源、发生区域、所属部门等多维度对数据进行研判分析，运用大数据进行定量考核。建立信用评价体系，将城市管理和社会治理领域失信行为纳入社会信用体系。

（二）综合执法大联动，变条块分割为有机融合

纵向层面，建立区网格化服务管理中心、街镇（大社区）网格化服务中心、居村大共治工作站三级运行体系。区网格化服务管理中心负责大共治工作的指导、协调、推进和考核工作；街镇（大社区）网格化服务中心负责受理区级平台的派单，并对区域内网格员自行发现的问题实行一口受理、统一派单、跟踪问效；居村工作站在受理平台派单的同时负责整合居委会、业委会、物业服务企业、市场化管养企业等力量，建立居村前端自治工作机制，强化本区域内多种治理主体联动，高效实施前端自治。建立三级运行体系，区、街镇、居村各级职责明晰、分工明确，为推行大共治提供了科学的体制保障。如图1-35所示。

图1-35 智慧平台助力河道监督治理

横向层面，推行治理重心下移。包河区按照属地管理、条块结合、以块为主的原则，推行街镇（大社区）综合执法体制改革"三到位"：

力量下沉到位。下移执法重心，推动执法事项属地化管理，在街镇、大社区建立"4+X"综合执法队伍，其中"4"是指城管、市场监管、派出所、交警四个职能部门，"X"是指安监、环保、卫生、人社、住建、农林水等其他部门。同时将区城管局、区市场监管局等部门派驻机构的指挥调度、考核监督以及人财物下放到街镇、大社区，实行"区属、街管、街用"。对于公安、交警等职能部门派驻人员，赋予街镇、大社区人事考核权和征得同意权。

权责明晰到位。全面梳理区级行政执法事项，厘清区、街执法管理边界，明确区直执法部门和街镇（大社区）各自应承担的行政执法任务清单，并实行动态管理。

执法联动到位。推行分级联动执法，根据违法行为的性质和危害后果，灵活运用不同执法方式。对情节较轻或危害后果能够及时消除的案件，由居村党组织统筹网格力量自治处置；对于情节较重、涉及职能交叉的案件，由街镇、大社区组织相关管理和执法力量快速处置；对于需要区街联动处置的案件，由街镇牵头启动相关部门参与的主协办模式。构建了"居村微循环、街镇小循环和区级大循环"三级联动高效处置模式。

（三）网格治理大整合，变粗放管理为扎根基层精细治理

构建三级网格治理体系，各级党组织书记为本级网格第一责任人，实行"一把手"负责制，从体制上保障党建引领基层治理各项举措有效落实到位。区级层面，成立由区委书记任组长、区政府区长任第一副组长的包河区大共治领导小组，负责领导全区大共治工作，督促检查全区各责任单位工作落实情况，研究解决城市管理和社会治理重难点问题。区委、区政府主要负责同志每两个月对全区"大共治"工作调度一次，分管副区长每个月至少调度一次，及时解决工作推进中的难题。街镇（大社区）层面，各街镇、大社区成立由党（工）委主要领导任组长的大共治领导小组，负责统筹推进网格划分、力量整合、机制运行、考核奖惩等工作。设立街镇、大社区网格化服务中心，具体负责日常事务。居村层面，居村前端由居村委书记担任工作站站长，两委成员兼任网格长，将党组织覆盖到网格、楼栋，以开放性架构吸纳各方资源和力量参与社会治理。

包河区提出大共治基础网格的概念，指的是以居民区、道路、自然要素为基础，根据辖区实有人口、建筑物、沿街门店等要素的数量、类型及综合管理难度，将包河

区划分为若干个边界清晰、大小适当的工作单元。网格化治理的目的是推行全民参与社会治理和为民服务，做强做实前端居民自治。包河区434个大共治基础网格按照"五个一"标准进行组建。

一张网格，构建三级网格体系，即全区为大网，街镇（大社区）为中网，居村为小网。基础网格在居村小网的基础上进行划分。按照"十分钟管理全覆盖"要求，各街镇结合居村小网区域面积、工作量大小、管理力量配备等实际情况，将单个居村小网合理划分为一个或几个基础网格，逐步实现"多网融合、一网多用"。

一个清单，按照"危险性、直观性、无序性"优先处置的原则，首批将涉及安全隐患、明显影响城市环境、群众关注的焦点等问题纳入管理服务清单，共计11大类118小类，明确了每类问题在不同环节的责任主体、处置流程、处理时限、结案标准。街镇采取"规定+自选"方式制订个性化网格任务清单，实行"一网一单"。

一支队伍，按照"1+2+N"标准配备网格治理力量，其中"1"是指每个网格配备1名网格长，"2"是指每个网格不少于2名专兼职网格员，组建相对固定的基础网格治理队伍。网格长由所在居村"两委"干部分别担任，负责网格治理的组织实施，整合力量加强前端自治，统筹解决疑难问题。网格员负责对照网格服务管理事项清单开展日常巡查，采集基础信息，发现上报问题，依托网格自治力量进行前端处置。"N"是指网格自治力量，包括网格内各类协辅人员、市场化服务人员、居民区党小组长、楼栋长、村民组长、路长、物业人员、志愿者骨干等。

一套机制，建立分级处置机制，居村、街镇（大社区）和区分别实行"微循环""小循环"和"大循环"处置模式。居村推行巡办分离工作机制，即以网格员为主、N力量为辅的问题发现机制，以网格长统筹网格力量实施前端自治的问题处置机制；街镇（大社区）建立以城管为骨干，公安为保障，市场监管、交警等职能部门共同参与的联动机制，处置居村前端自治无法解决的较复杂问题；区推行主协办模式，区级平台统一受理影响性大、涉及面广的疑难案件，按照权属划分，派单至相关责任部门联动处置。

一把尺子，对街镇围绕"按期处置率""治理精准率""群众满意率"等关键性指标进行考核；对基础网格注重考核前端自治情况，以责任倒查评价主动发现率，以处置结果评价问题解决率；对区相关职能部门的考核聚焦服务监管责任的落实情况，实行与街镇任务捆绑、责任共担的双向考核机制。

合肥南站的综合治理队伍风貌，见图1-36。

图1-36 合肥南站的综合治理队伍

三、建设成效

(一) 社会治理资源整合配置,提高治理效率

传统的社会治理和居民服务通常采取的是"条块结合"模式。"条"指的是由政府行业系统自上到下的一种指挥体制,区级层面主要包括城管、市场监管、民政、卫生等区政府直属职能部门以及公安、自然资源和规划等派驻至区级的市级垂直管理部门;"块"则是以地方行政统管的某一区域全部的行政行为的一种概括描述,也就是传统意义上的属地管理。当前,基层社会治理普遍存在着条线部门与属地街镇之间的管理分割问题,比如:信息不共享、联动不高效、权责不匹配等。很多时候,街镇、社区发现问题却无力解决,区直部门又因问题发现不及时导致难度升级后疲于应对,同时,这种后端处置实际上也很难取得群众的满意和认可。这种"条块分割"甚至导致了区、街之间的职责推诿。包河区推行"大共治",实行"一网联通、一网共治",打破信息壁垒,实现资源整合,构建上下联动的常态化机制。一网联通,设立区网格化服务管理中心,作为区政府直属部门,统筹协调、监督指挥,绘织"条、块"之间一张网。一网共治,打造一体化信息平台,依托现代信息技术,将各级各部门日常管理和服务汇集到平台上,实行数字化流转、统计和智能分析,极大地提高了治理效率。

（二）党建引领基层治理，构造社会共治格局

在城市化发展到较高水平的当下，人们的生活方式和城市基层社会的特征有了极大变化。工作和居住地点的分离、密集的高层居住环境等因素让邻里之间不再熟悉。因此需要适应这种变化，重新构建符合现代城市社会特征的基层治理结构。包河区"大共治"模式着重抓住基层治理的核心环节，就是加强基层党组织建设及其功能完善，以党建为核心引领基层治理，将网格化治理与"红色领航、和美小区"建设融为一体，将党的支部建在小区（网格）上，网格长由支委委员或支部书记担任，保证了基层治理有主导、有组织、有向心力。在发挥党组织和党员的担当精神的同时，基层网格以开放性架构吸纳各方资源和力量参与社会治理，组建网格自治队伍，充分发挥市民广泛参与和自治的积极性。包河区"大共治"平台依托"共治包河"公众版客户端、微信公众号等现代信息技术，帮助辖区居民参与社会治理，将问题主动发现在网格、解决在网格，实时知晓问题处置全过程，实现全民参与、全民共治。

（三）制定工作标准，在规范化中提升精细化

依托信息化平台监督部门履职，前提是明确每一个管理服务事项的工作标准。包河"大共治"按照"危险性、直观性、无序性"优先处置的原则，首批将涉及安全隐患、明显影响城市环境、群众关注的焦点等问题纳入管理服务清单，共计11大类118小类，明确了每类问题在不同环节的责任主体、处置流程、处理时限、结案标准，解决了权责不清、标准不一的问题，为大共治业务单件"派遣得准、指挥得动"提供依据。实际上，群众诉求多种多样，有的时候往往因为部门之间缺乏统一的监督协调，造成相互推诿、办理不力。包河区大共治中心坚持"三定"原则（法定、商定、指定），解决部门之间权责争议，逐一明确每个事项的职责主体、监管依据、执法程序等标准，通过平台予以固定并逐步纳入管理服务清单。有了管理服务标准，将任务派遣、问题处置、反馈评价、入户走访等工作内容全环节展示在平台上，实时监测各部门工作履职情况，实现来源可查、去向可追、监管留痕、责任可究。

（四）突出以人民为中心，把为民服务贯穿于社会治理全过程

包河推行"大共治"，始终把为人民服务放在中心位置，在做好数字化社会治理的同时，更注重居民服务。在"大共治"系统中，"治理"与"服务"不再是两张皮，

而是贯通融合的一体两面。"大共治"的网格员不仅是社会治理问题的采集者,也是入户走访的服务者,还是网格居民的知心人。平台通过人口与房屋进行关联,将高龄老人、城乡特困人员孤儿等9类重点服务人群纳入到网格员的走访对象中,并基于平台和手持终端分别设计开发了监督指挥系统和上门走访App,标准化制定上门服务频次和清单,真正走近居民身边倾听心声诉求,为其提供精准服务,同时根据各类人群的不同需求宣传讲解便民政策。包河"大共治"坚持平台信息服务和网格员贴心服务有机统一,由过去的以主要满足部门业务需求为驱动,向以人为本、服务为民的目标进行转变,围绕贯穿服务人的全生命周期需求这一主线,通过技术应用逐步整合各项民生服务内容和资源,优化服务流程、创新服务内容、强化服务协同,最终提升人民群众的获得感、满意度和幸福感。

第七节 烟台福山区创新"全域、全科"基层治理新样板

一、建设背景

山东省烟台市福山区以习近平新时代中国特色社会主义思想为指导,深入贯彻中央和省、市关于推进市域社会治理现代化工作要求,切实解决传统网格管理短板不足的问题,构建横向到边、纵向到底的社会治理网格化管理体系,实现村居、社区、园区等领域全域管辖和党建、经济、社会等事务全科覆盖,进一步提升治理体系和治理能力现代化水平。

为有效推进全区网格化管理服务,中共福山区委办公室印发《关于坚持党建引领构建"全域全科"网格化管理服务机制的实施意见》,以党建为统领,以"事要解决"为工作导向,以提升精细化治理、精准化服务水平为目标,整合基层资源,推动力量下沉,实行"多网融合、一网统筹",突出网格化管理服务、智能化平台应用,总结借鉴了疫情防控、安全生产排查、社会治安治理等实战经验,以打造"智慧城市"为目标,整合调动各方资源力量,构建起网格全域覆盖、事项全科融入的网格化管理服务体系,全面提升了城市治理能力现代化水平,通过创新"全域、全科"网格化管理模式打造基层治理新样板,如图1-37所示。

二、经验做法

(一)成立实体运行中心,解决组织架构问题

福山区成立由区委书记、区长任组长的网格化管理服务工作领导小组,下设全域

图1-37　福山网格中心　　　　　　　图1-38　运行中心

全科网格化建设指挥部，由区委副书记挂帅，全速推进各项工作。

区级层面，整合89000民生服务中心、12345热线中心等热线平台，成立全域全科网格化管理服务中心，加挂民生服务中心、区智慧城市指挥服务中心牌子，作为区政府直属正科级公益一类事业单位。中心配备主任1名、副主任2名，核定人员编制25名，具体负责网格化工作，如图1-38所示。

镇级层面，设立网格化管理服务中心；社区（村居）层面，设立网格党群服务工作站，坚持区—镇—社区（村居）三级联动、一体化推进全区网格化管理服务工作。

（二）明确"1+1+X+N"的网格模式，解决网格力量问题

福山区按照"凡是实行网格化管理的事项必须纳入全科网格，凡是财政保障的协辅力量应进则进网格"的原则，将涉及公安、信访、司法、卫生健康、社会保障、民政、市场监管、综合行政执法、应急管理、生态环境等社会治理相关职能部门在社区（村居）设置的网格整合进全科网格。

按照"规模适度、方便管理、大小适中、区块完整"的原则，科学划分基础网格（城市社区网格和农村网格）、专属网格两类网格，社区网格按照每200~400户或1000人左右为标准划分一个基础网格，农村网格即以每个行政村为一个基础网格，规模大、管理任务重的村可划分为多个网格；园区、企业、学校、机关、医院、商超、市场、商务楼宇等单位，划为专属网格。

福山区始终坚持党建引领，积极开展网格党组织集中覆盖行动，推动党支部建在网格、党小组建到楼栋，全面建立"社区综合党委——网格党支部——楼栋党小组"

组织架构。

明确网格队伍架构,在每个基础网格推行"1+1+X+N"模式。"1",即基础网格由社区、村居书记担任网格长,专属网格由包片领导或业务站(所)负责人担任网格长;"1",即每个基础网格配备1名网格员,专属网格由机关干部担任网格员;"X",即基础网格由楼长、住户党员、物业人员以及相关执法力量担任网格助理员,专属网格由企业或单位相关负责人担任网格助理员;"N",即基础网格由联户机关干部、社会志愿者组成应急预备队,专属网格由企业或单位相关工作人员、社会志愿者组成应急预备队。在网格内醒目位置设置公示牌,对网格员的姓名、照片、联系电话、工作职责、监督电话等基本信息进行公示。

目前,全区建立了972支不少于5人的民生服务队,全面构建"社区综合党委——网格(小区)党支部——楼栋(网格)党小组——党员中心户"组织体系,有效解决了网格力量的问题。

(三)研发"1+2+3+N"的数字运转系统,解决办事效率问题

平台的科技赋能支撑,辅助全域全科网格化管理体系建设,以网格治理数字化引领福山城市治理现代化。福山区主动顺应信息技术潮流,以"智慧城市"建设为牵引,结合福山区打造全域覆盖、全科融合的"双全"网格化管理服务体制需求,搭建了"1+2+3+N"架构的全域全科网格化管理服务平台,如图1-39所示。"1",

图1-39 福山全域全科网格化管理服务平台

即一个全域全科数字底座支撑，构建了大数据平台、AI智能算法平台、数字孪生可视化平台等能力支撑，夯实了全区全科网格化治理的数字基础；"2"，即两个全域全科业务平台，以"高效处置一件事"和"精细精准响应民生诉求"为引领，研发了网格化核心业务平台和公众服务平台，实现了一网管全城；"3"，即3个专项智慧应用，包括城市管理专项平台、综合治理平台、疫情防控平台，有效提升了行业精细化管理水平；"N"，即N个城市大脑决策分析场景专题，以福山区城市综合治理运行数据为基础，利用云计算、大数据、AI智能等先进技术，在网格工作、党建引领、疫情防控、城市管理、环境治理方面构建智能化应用场景，实现了一屏观全城。

福山全域全科网格化管理服务平台的建设由区政府全程参与，政府工作人员深入部门镇街社区调研，央企提供前瞻性设计，达到实用管用效果。同时，所有的数据最终保留在福山区大数据局，保证安全性。

（四）开展全科网格员运营，解决网格队伍专业化问题

福山区坚持"市场运作、一次配齐"的原则，打造一支专业化、职业化的网格员队伍，并在每个网格组建一支"福润万家"民生服务队。将网格员队伍由"政府主管"转为"企业化运作"，由央企华润集团旗下的润高公司与福山区国有控股公司合资，按照"投资建设+运营"的模式成立了烟台润通信息科技有限公司。

网格员在区镇网格化管理服务中心的指导下，围绕基础信息采集、社情民意收集、安全隐患排查、纠纷排查化解、协助城市管理、政策法规宣讲、为民代办服务以及其他专项工作八大领域从事基层网格工作。打通网格问题发现渠道，专职网格员每天巡查一遍网格，每季度走访一遍网格居民，对流动人口、租住户、生活困难家庭、重点人员、特殊人群等定期登门走访，与群众当面沟通、当面服务。运用"网格——楼栋——居民"三级联络群等信息化方式，线上搜集群众诉求。推行窗口接事，整合社区综合服务用房、物业服务用房等场所建设网格党群服务驿站，强化消防演练、人员休息、活动服务、一窗办理等功能，开门听取群众诉求，如图1-40所示。

这一模式充分利用市场化优势，加强网格员后备队伍建设，使政府卸下包袱、规避矛盾、降低成本，有效提升了福山区全域全科网格化治理水平。

第一章 迅速推进的城市治理现代化

图1-40 听取群众诉求

（五）理顺问题处置机制，解决群众诉求闭环问题

按照"小事不出网格，大事不出镇街"的原则，建立社区（村居）微循环、镇街园区小循环、区内大循环"三级循环"处置机制，实行上报、受理、分拨、处置、反馈、办结和评价"七步闭环"处置流程。同步开发网格化管理App"福山网格"，满足网格员信息采集上传、事项办理流转、电子巡查等需求，利用网格化理念和信息化技术打造网格事项智能分拨机制，做到线上线下协同处置、全域部门高效联动。

全域全科网格化管理服务平台（图1-41）最终会将通过12345、网格员等途径收集到的问题全部接入，每个周、每个月形成报告，了解群众关心的热点有哪些，城市的问题集中在哪里，问题解决的难点有哪处，形成一份客观直观的数据资料，积极推进主动治理。

图1-41 运行处置

（六）搭建培训和晋升通道，解决全科网格员职业发展愿景问题

福山区依托区委党校成立福山区网格学校，着力打造网格员队伍培训基地、社会治理理论研究基地和实践创新基地。结合工作实际，今年福山区已开展线上线下培训20余次，如图1-42所示。

图1-42　福山区全域全科网格化建设培训班

福山区始终将政务公开作为网格员日常工作的一部分，在"关心关爱+技能提升"上双向发力，通过定期举办"网格员专题培训会""网格员座谈会"等活动，以政策宣传和政务解读为主要培训内容，将上级的最新政策，企业、群众的实际需求传达给每一名网格员，并积极引导网格员主动深入到企业、群众中去，推动基层服务主动化、前置化、下沉化。建立完善反馈机制，由企业和居民对网格员的政务公开服务进行评价反馈，对"不满意件"进行专项查办，并将结果及时反馈给相关企业、群众，倒逼网格员大抓执行、担当作为，让群众满意成为政务服务的"标尺"。

为进一步提升全区政策服务水平和效率，推动政策精准投送，福山区推出"网格课堂"栏目，分类梳理社会救助、医疗保险、就业创业、惠企政策等各类政策300余条。根据实际需要，设置基层党建、政策解读、业务学习、实操演练等教学课程，列入网格员必修课，全区600名专业网格员均需完成规定课时。一旦有政策出台，平台会主动向网格员推送政策，通过手机提示，网格员可及时掌握政策情况，并将政策第一时间转发给辖区居民群众、企业单位，把各项政策和资源送到百姓家门口，让"服务找上门、问题不出门"，真正实现"以公开促服务、以服务强公开"，如图1-43所示。

第一章 迅速推进的城市治理现代化

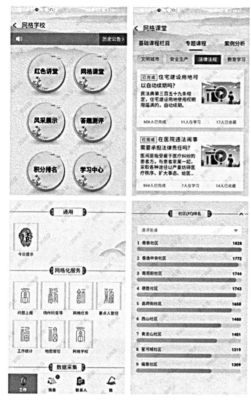

图1-43 移动端

同时，为更好地激发网格员工作积极性，福山区在社区工作者招考中给专职网格员预留一定比例的定向岗位，不与其他报考人员同台竞争，提供了最直接的晋升渠道，有效提升了全科网格员的工作积极性和主观能动性。

（七）开展"企业入格、网格入企"，解决企业营商环境优化问题

为打通企业服务"最后一公里"，持续改善营商环境，福山区立足自身实际，在全区范围内扎实开展"企业入格、网格入企"网格化服务工作，依托全域全科网格化管理服务平台，主动对接辖区企业需求，助企排忧解难，走出入企服务网格化的新路径。从助企联络服务，到专属网格护航企业服务，福山区积极将资源、管理、服务等向"企业网格"下沉，充分发动多方力量开展网格化服务工作，形成党、政、社、企多元协同的治理模式，建立"安全+服务""招商+服务"多元融合服务模式，为经济高质量发展提供有力支撑。

通过大力推行"大数据+铁脚板"企业网格化管理手段，通过健全服务网络，激活企业资源，强化服务功能，改进企业管理，提高工作效能，实现企业管理的精细化、信息化，实现企业服务的全覆盖、全天候、零距离，为企业各项工作的开展奠定了基础。

铺"网"入企，全面构建企业网格化服务格局。福山区以专属网格为重要抓手，将经开区所辖412家企业纳入4个片区、48个专属网格，在"全域"开展"全科"保姆式服务，全力护航企业发展。

"多元"服企，共创融合协同发展模式。发挥现有网格员"招商员"的作用，用营商环境的"好口碑"激活企业的"朋友圈"，实现以商招商。同时，将优化营商环境政策法规纳入普法责任清单，有效利用全域全科网格化管理平台作用，激发机关干

图1-44 宣传讲解

图1-45 普法宣讲

部、专职网格员和社区网格员的整体力量,深入企业群众开展点对点普法信息推送、面对面普法宣讲,有力促使"法治+营商"理念深入人心,如图1-44、图1-45所示。

通过网格员入企走访,汇集企业关切、职工关心的热点重点问题,实行清单化管理,找准企业需求和供给服务的最佳契合点,推行"企业点单、网格接单、园区派单、部室联动、各方评价"的问题闭环处置流程,做到企业吹哨、部室报到。自全区全域全科网格化管理服务平台启动以来，共计梳理汇聚问题542个，累计解决问题542个，做到小事不出企业、大事不出园区，件件有回音、事事有着落。

三、建设成效

（一）"全域覆盖"让服务更精细

福山全域全科网格化管理服务的"全域"是指实现全域覆盖、无缝衔接，辖区内的每一户居民、每一家企业、每一片土地，所有的人员、建筑、商超、企业都能找到对应的网格。

科学合理划分全域全科网格，让为民服务的触角延伸到每个角落。福山区将全区划分为1045个网格，其中城市社区网格634个、农村网格291个、专属网格120个，实现了705平方公里网格划分的全域覆盖、无缝衔接，所有的人员、建筑、商超、企业都有对应的网格进行管理服务，同时在每一个网格内配备一名专职网格员，负责网格内的大小事宜，将为民服务的触角延伸到每一个角落，实现全域全科全时服务。

多种社会力量加入，让网格服务合力更强大。为了加强网格内的力量配备，福山区不仅为每一个网格配备了1名专职的网格员，更是发动了网格内楼栋长、住户党员、物业人员、联户机关干部、社会志愿者等各个群体的力量，由一个人服务变成了一支队伍服务，尤其是在遇到疫情防控等紧急情况时，各类人员都可以在最短的时间内到所在的网格报到，立即开展工作，为居民提供服务。

（二）"全科服务"让管理更高效

福山全域全科网格化管理服务的"全科"是指依托智慧平台，把党建、经济、社会、民生等所有领域、所有科目全部纳入网格管理，各方面力量汇聚一张网，着力破解网格繁杂、资源分散、各自为战等问题，让网格强起来、真管用。

福山区通过购买服务的方式组建城市专职网格员队伍，按照每个基础网格配备一名网格员的原则进行全科网格员队伍配置，网格员不仅仅是社区的信息员、宣传员，也是巡防员、调解员、管理员、服务员。依照成熟配套的企业化管理制度，保证了网格员的常态化招聘，对不能胜任工作岗位的网格员进行及时更换。目前，全区有600名专职网格员稳定在岗，大专学历占50%以上，40岁以下人员占62%。网格员们在疫情防控、创城、信息摸排等工作中发挥了重要作用，大多居住在服务网格内，能够充分发挥"熟人效应"和地缘优势,做好网格内各项管理服务工作。福山区充分发挥基层网格员人缘广、地形熟、信息灵的群众优势,深入了解群众诉求,高效宣传政策信息,以网格为单元推进政务公开工作,依靠群众的力量将政务公开做实做细,形成了"全域联动,全科服务,全时运转"的网格化政务公开体系。2020年以来,全区600名专职网格员参与到网格政务公开工作中,将各类政策信息送至8万余户家庭、16537余家企业中。

(三)"一网统管"让治理更智慧

福山区全域全科网格化管理服务平台通过整合区镇两级部门单位相关应用系统和业务数据,将疫情防控、安全生产、森林防火、社会治安、城市管理、市场监管、环境卫生、应急管理、生态环保等工作纳入其中,做到了对党建、经济、社会、民生等领域工作的全科覆盖。理顺部门职责清单7650项,按照"网格发现问题、平台汇集分流问题、三级架构解决问题"原则,构建起"网格微循环、镇街小循环、区级大循环"的"事要解决"三级循环,实现事项自动分拨处置,用来汇聚和解决民生诉求。平台试运行以来,福山区已录入人房关联数据43.6万件,网格员主动上报发现事项3.5万件,主要涵盖疫情防控、政策咨询、市容环境、公共场所卫生、街面秩序等,办结率高达99.93%,使网格员工作开展有"序"可循,做到知责于心、履责于行,激发社会治理"大效能"。

福山区创新构建全域全科网格化管理服务机制,通过缩小社会管理单元,变被动解决问题为主动发现问题,变运动式整治为常态化服务,形成"快速发现、精准解决、高效反馈"的闭环机制,以"小网格"支撑"大治理",打造基层治理"福山品牌"。

第八节　宜宾市翠屏区推进云端治理新模式

一、建设背景

四川省宜宾市翠屏区位于宜宾中部偏北，下辖8个街道、12个镇，区域面积1259平方公里，常住人口90.34万，是宜宾市政治、经济、文化中心。近五年地区生产总值年均增长9.6%，连续12年稳居全省县域经济十强区，同时也是全国综合实力百强区（2020年68位、2021年64位、2022年61位）。作为全国首批省级街道服务管理创新实验区、成渝地区双城经济圈建设县域集成改革试点区、四川省城市基层治理示范区和城乡社区治理试点区，肩负着西南重点区域维护社会稳定和平安建设的重大使命。面对城乡基层治理基础薄弱的现实，坚持实战应用、补短克难、务实创新、以点破面，以实战为导向持续推动基层治理手段、基层治理理念、基层治理模式不断创新，全面推动基层治理效能变革、动力变革、质量变革，提高基层治理数字化智能化水平，高效回应党和人民在新时代对于基层治理的期望与要求。

翠屏区委、区政府坚持把翠屏智慧治理集成中心作为社会治理现代化建设的数字化载体，紧紧围绕"创新治理模式、维护社会稳定、协调各方联勤、服务基层群众"的职能定位，通过"数据联通、工作联抓、力量联合、平台联动"的数字化手段和制度保障，积极打造基于一朵治理云、三个工作重心的云端治理新模式，为社会治理现代化注入了强劲动力。

二、经验做法

基层治理人人有责、人人尽责、人人享有。近年来,翠屏区以成渝地区双城经济圈建设县域集成改革试点为契机,聚焦机制创新、平台建设和公众参与,不断提升城市基层党建引领基层治理水平,推进基层治理体系和治理能力现代化。

通过建立全省首个基层治理信息集成管理系统,打造共建共治共享的基层治理格局,夯实全域感知社会治理协同体系,创新"十分钟管理全覆盖"的高效治理模式,如图1-46所示。整合共享各级各类信息资源,实时监测社会治理运行状态,建立闭环化案件处置流程,打造高效联动指挥协同体系,实现大数据多元化综合应用。夯实网格化基层治理体系,推进网格划分、责任清单、力量配置、运行机制等方面标准化建设,形成多网合一、全域覆盖、多元参与、运行高效的网格化基层治理体系。并先后出台《关于成立宜宾市翠屏区平安翠屏建设(市域社会治理)领导小组的通知》《关于加快推进社会治理现代化努力建设更高水平平安翠屏的实施意见》《关于推进翠屏区全科网格建设的实施意见》《宜宾市平安翠屏建设和市域社会治理现代化试点工作调研方案》等配套文件保障平台能够切实发挥实效。

图1-46 翠屏智慧治理集成中心

（一）治理上云，提高多元化治理效率

一是积极融入智慧翠屏建设框架。借力"翠屏区基层治理集成改革"政策东风，基于智享翠屏"一云八景"构建"1云3中心"县域社会治理现代化体系，如图1-47所示。"1云"即治理云，由专业技术公司进行技术保障。二是建立云上协同模式。由智慧治理集成中心负责数据整合，由政法委综治中心负责提供视频监控、网格化数据信息，逐步实现政务外网与平台的互联互通，既保障了数据安全、又避免了"重资产"硬件投入。三是打造综合联勤中枢。通过"一网统管"大协同机制和互联互通的网络，对区级职能单位应接尽接，保障了多层级多部门高效联勤联动，真正解决传统治理中存在的"管理分散、系统分建、数据分散、运行安全"问题。

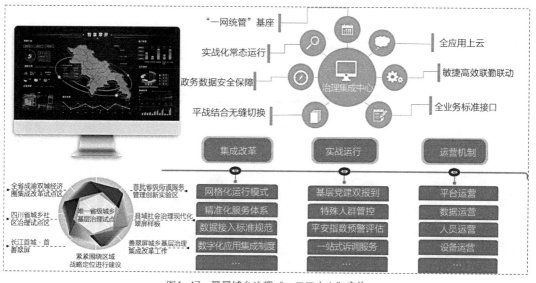

图1-47　翠屏城乡治理"一云三中心"定位

（二）督导统揽，做好制度化长效考评

一是网上考核"评"。采取随机抽调、连线调取等方式，对各街乡进行实时联调，及时掌握平台对接整合和联网应用情况。一周一统计，利用全区网格治理信息系统，自动生成考核数据，对网格员在线离线、人口基础信息、重点人群信息、事件上报、重点人员走访、综合工作数量进行实时统计，统计情况每周通过信息平台下发，特殊时期随时下发。一月一通报，对各街乡平安建设工作推进情况，每月以"平安指

数"客观排出名次,下发情况通报,通报直接发至各街乡主要负责同志和综治中心,倒逼各街乡常态推进平安建设。二是督导检查"评"。坚持以考促建、以考促管、以考促用,为统筹保障全区各单位参与市域社会治理工作的有效推进,以创建全市市域社会治理现代化试点工作首善区为目标,通过对《市域社会治理试点工作指引》进行合理目标拆分、任务分配,逐一提出目标任务,严格控制时间节点,落实工作责任。同时,采取不打招呼、直奔现场的方式,不定期派出暗访组深入乡镇(街道)、村(社区)进行检查,对社会治理现代化建设不达标、网格化服务管理开展不到位、"雪亮工程"推进缓慢的,责令限期整改。三是群众满意"评"。翠屏区每年委托宜宾市12345热线中心对群众满意度进行电话测评,将网格化服务管理为民便民、平安建设作为测评内容,以最直接的方式了解群众安全感、满意度,并将其作为年度平安建设检查考评的重要标准,如图1-48所示。

图1-48 翠屏城乡治理"以评促用"

(三)联动协同,服务实战化平安建设

一是对接智享翠屏系统统一开发设计。依托政务外网,结合2.5维全景地图,开发集"人员管理、数据传输、办公应用、信息共享"等功能于一体,涵盖县、街乡、村居、网格员的"四级联动"数字网格治理信息系统。统一接入省委政法委社会治理"一张网"平台,将网格治理信息系统分级分权限接入各级综治中心,运用平台综合查询、信息采集、矛盾调解、绩效考核等功能,每月对重点工作开展定向监测,适时发布工作指令,并实时上传省"一张网"平台。二是强化重点管控实战应用。研发智

能管控系统，将超市、车站、广场等重点区域纳入重点监控区域，接入综治中心，运用电子围栏、人脸识别对比、人流热力图、GIS地图等技术，实现"出知去向、入知行踪、动知轨迹"。同时，通过设定重点人员预警规则，利用人脸识别探头和智能算法，对辖区内所有的重点人员进行实时监管、动态管控，并充分发挥小区内楼栋长、物业、保安等属地优势，创新网格员侧面走访机制，及时了解重点人员的现状动态，发现异常及时上报，打造"人防扁平化+技防相结合"的重点人员管控新模式，实现第一时间发现、第一时间预警、第一时间处置、第一时间解决，把风险隐患消除在萌芽状态，确保社会的和谐稳定，如图1-49所示。三是成立区级"一站式矛盾化解调解中心"，设立人民调解室、行政调解室、司法调解室，探索远程视频调解和专家现场调解相结合的方式，第一时间对接、第一时间调解。设立"调解专家库"，组建了21类225名调解专家库，录入了26项293部法律法规，方便群众与对口调解专家及时沟通，高效解决问题。

图1-49　翠屏城乡治理实战应用体系

（四）运营促用，保障先进性运行实效

一是夯实设备运营保障应用基础。推进视频资源联网整合，紧紧抓住宜宾市"雪亮工程"重点支持的契机，依托综治视联网，将全区2431路高清监控视频监控信号接入综治中心，包括纵向20个街乡、136个村居，横向将公安天网、城市管理、明厨亮灶、寄递物流等单位资源接入综治中心。同时，按照增点扩面、提档升级、覆盖城

乡、延伸入户的要求，翠屏区大力开展视频监控升级工程，用于综治中心视频感知前端和算法共享平台建设，并运用雪亮工程专题进行设备在线、维保、应用一体化运营管理，最大程度保障智能应用基础。二是做强人员运营合理配置。将基层政法委员配备和综治中心实体化作为重中之重，全区20个街乡全部配齐政法委员，区街两级综治中心全部明确为事业单位，实行实体化运作。同时采用"整合、下沉、专聘"等模式，选优配强专职网格员队伍，并定期邀请外地专家或专门技术人员，进行网格巡查、数据采集、事件上报等业务培训，提升网格员基本业务和智能化终端操作能力，由区委政法委负责网格员考核，根据网格员工作业绩、日常表现、群众满意度评价等，运用后台运营指标，对网格员进行绩效考核。三是沉淀数据运营形成资产。常态化组织街乡、村居两级开展网格基础数据"以核代采"，做到网格员实时上报、综治中心统一调度、各部门协同联动，并结合现有统计局数据，形成翠屏区社会治理全要素数据资产，目前，平台共沉淀人房关联等全要素基础信息265万余条。四是通过平台运营狠抓运行。"实战出实效、智能促智治、运营抓运行"以各类应用场景长效长期应用积累的业务数据和基础数据为分析突破点，梳理出了能够实时反映社会治理态势和运行效能的指标体系，生成"平安指数月报""全域治理运行日报""市域社会治理现代化试点建设自评报告"等一系列数据化分析研判类智库，基于"站在现在看过去"，在实战运行的角度上对未来的趋势提出相应的辅助决策建议，真正实现了"看板大屏"到"治理大脑"的转身，如图1-50所示。

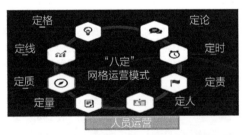

图1-50 翠屏城乡治理运营体系

三、建设成效

(一)覆盖城乡的全科网格员疏通基层治理的"毛细血管"

为了更好地服务群众,提升治理效能,翠屏区积极探索"多网合一、多岗合一、多责合一"的全科网格改革新路径,通过科学织网、党建强网、智慧触网,构建党建引领网格治理体系,推动城市基层治理"一网统管"。目前,翠屏区全区共划分城市网格721个,配置全科网格员721名,如图1-51所示。在条件成熟的135个网格成立实体党支部,以网格联建方式设置功能性网格党组织17个,探索网格党组织与小区、物业、业委会共建模式,着力推动党建服务触角延伸。在17个网格党组织和721名网格员的快速运转下,不断发挥党建引领基层治理作用,疏通基层治理的"毛细血管",加快实现社会服务"零距离"、社会管理"全覆盖"、群众诉求"全响应",不断提升辖区居民的获得感、幸福感、安全感。

图1-51 翠屏城乡治理"全科网格员"

（二）"智享翠屏"让基层"治理"变"智理"

在城市大数据时代，人工智能如何与基层治理结合起来？翠屏区率先迈出了一步。为了探索智能化、智慧化、智享化新路径，加快推动城市基层"治理"变基层"智理"，翠屏区投入1.23亿元，建设1800平方米的区级智慧治理集成中心，打造"智享翠屏"治理信息集成系统，开发运用党建引领、网格治理、平安建设等六大功能模块，系统向上对接各级数据资源平台，向下联动街镇基层数据底板，横向联通区各类数据资源管理系统，稳步推进数据资源纵横贯通，构建"物联、数联、智联"的智能化新模式，实现"全域覆盖、全网共享、全时共用、全程可控"的数据共享交换体系，如图1-52所示。

在智慧治理集成中心，指挥大厅、服务大厅一应俱全，指挥大厅是整个中心的信息中枢，可以完成城市建管、平安建设、民生服务等各板块的信息收集、反馈和处理，实现城市治理从被动响应走向主动感知。通过智慧治理集成中心和"智享翠屏"，促进科技与城市治理、社区和邻里关系相结合，初步构建"数据一云汇聚、治理一网集成"的智慧城市治理体系。

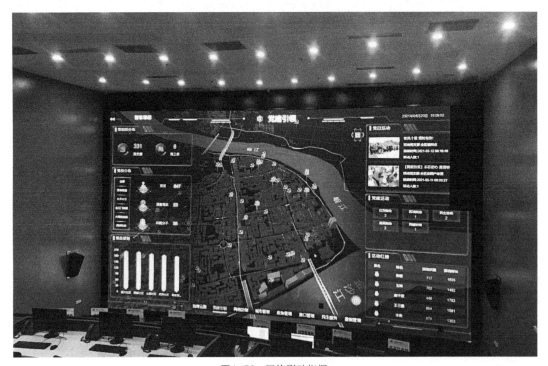

图1-52　网格联动指挥

（三）市区"一盘棋"打造城市基层社会治理共同体

翠屏区始终将坚持和完善党委领导、政府负责、民主协商、社会协同、公众参与、法治保障、科技支撑作为推进基层治理体系和治理能力现代化的必由之路。成立新乡贤调解委员会，搭建政协"有事来协商"、统战"同心服务团"等议事平台，完善"两代表一委员"定期联系社区、社区工作者"一月一敲门"等制度，拓宽基层治理的民主协商渠道，探索推行"找谈商调访"五步工作法，化解基层社区的"家事、邻事、厂事"纠纷，截至目前已成功调解矛盾纠纷1600余件，如图1-53所示。

作为成渝地区双城经济圈建设县域集成改革试点区，翠屏区紧扣"城市基层社会治理共同体"主题，坚持市区联动"一盘棋"、统一行动"整体战"，通过治理理念革新、治理手段更新、治理模式创新，推动实现"组织领导坚强有力、治理机制健全完善、城市治理能力增强、民生事业持续改善"，大力建设和谐和美的善治新翠屏。

图1-53 真心换民心服务心连心

第九节　天津市滨海新区"观管防"一体化社会治理模式

一、建设背景

天津市滨海新区作为天津市创新网格化社会治理的先行者，以打造共建共治共享的社会治理格局为目标，坚持问题导向，加强联动融合，强化"智治支撑"，夯实基层基础，着力补齐治理方式"短板"，不断提升社会治理效能。经过近几年不断探索，成功走出一条"网格+网络"的社会治理创新之路，做到网格化社会治理"一屏统览"、基层矛盾化解与调度"一网统管"，社会稳定预警"一网统防"，公众服务"一网统办"，不断提高市域社会治理的社会化、法治化、智能化、专业化水平。实现网格化社会治理能力显著提升，群众安全感、幸福感持续增强。目前，滨海新区网格化服务管理综合平台已经成为滨海新区社会治理机制创新的闪亮名片，并为直辖市城区社会治理建设提供了可复制可推广的成熟经验和示范样本。

二、经验做法

天津市滨海新区网格化服务管理综合平台建设是认真贯彻落实党的二十大精神，完善社会治理体系，健全共建共治共享的社会治理制度，提升社会治理效能，建设人人有责、人人尽责、人人享有的社会治理共同体的总目标。通过完善城市运行综合管理体系，强化社会治理效能，优化城市运行管理机制，深化社会治理大数据整合和指挥调度平台智能化升级，构建滨海新区"一网统管"运行体系，实现"1+1+1+N"，

第一章 迅速推进的城市治理现代化

即"一网（一网统管的工作模式）"+"一脑（一个社会治理运行大脑）"+"一数（一个社会治理大数据中心）"+"N创新（N项创新举措）"的立体多维治理模式。建立了全面完善的问题发现机制、快速到位的问题处置机制、监督有力的综合评价机制和规范高效的指挥运行机制。

（一）一网

建立"一网统管"的工作模式，全面整合网格员巡查、市便民专线、滨海热线、随手拍等各类渠道来源事件，按照分级、分类标准，通过网格化联动体系，做到统一受理、集中梳理、归口管理、依法处理、限期办理，实现智能派遣、高效处置、长效考核，推动多部门联动和社会基层治理问题源头治理，如图1-54所示。

图1-54 滨海新区受理渠道整合

（二）一脑

在社会治理领域进行融合计算和模拟仿真，借助"数据+算法"，以专题场景为切入点，提供预测预警，实现城市运行的生命体征感知、应急指挥调度、宏观决策指挥、事件跟踪评价，通过专题场景"高效处置一件事"，推动"城市病"源头治理。运用大数据分析和人工智能计算技术，打造"一个社会治理运行大脑"，经过数据采集、数据汇聚、存算资源统筹、城市运行规则、城市服务重构，形成"多个大脑皮层"的构架。最终建立"一数一源、一源多向、一数多用"的基本支撑平台和环境，通过跨部门、跨业务系统的数据融合、数据共享、数据分析，强化数据辅助决策；利

图1-55　天津市滨海新区网格化服务管理综合平台专题

用模拟仿真、智能控制、深度学习等技术，构建虚拟城市数字资源体系，强化智慧城市模拟决策支撑，打造"一屏观天下，一网管全城"的综合展示窗口和智能治理基础，如图1-55所示。

（三）一数据

打造一个社会治理大数据中心，通过数据标准化，将社会治理的基础数据、网格管理各个业务产生的业务数据及统计分析形成的专题库纳入统一数据管理，形成统一的数据资产，并建立独立于应用的数据管理体系，形成用数据说话、用数据管理、用数据决策、用数据创新的数据管理体系，如图1-56所示。

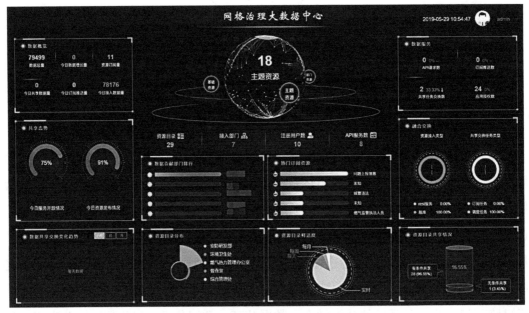

图1-56　滨海新区网格治理大数据中心

（四）N创新

1. 推进"党建引领"驱动网格治理体系现代化。以"红色引擎"为抓手整合条块资源，推动力量下沉，切实加强党对社会基层治理工作的领导，进一步做强街道、做优社区、做实系统、做活治理。充分联动组织在线系统，发挥街道社区党组织领导作用，有机联结单位、行业及各领域党组织，拧紧建强城市基层党建"动力主轴"，着力构建区域统筹、条块结合、上下联动、共建共享的城市基层党建工作新格局，如图1-57所示。

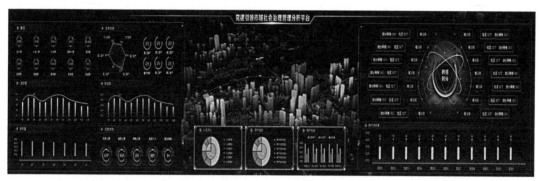

图1-57 党建引领市域社会治理管理分析平台

2. 建立处置执法联动体系。网格化服务管理综合平台与行政执法监督平台对接，使管理事项有法可依、有据可循，在处置流程中引入执法环节，创新问题解决方式，在解决百姓诉求过程中，帮助承办单位厘清部门职责、明确执法界限，倒逼部门履职，提高事件解决效率，提升群众服务水平，增强人民群众的幸福感和满意度，为破解社会治理难题提供法律依据。

3. 加强街镇的统筹指挥调度。民主协商和科技支撑是社会治理体系的重要组成部分，智慧、文明的小区建设是居民自治的具体体现。为基层街镇赋权，进一步加强街镇对辖区事务的统筹指挥调度和资源整合力度，充分发挥街道发现问题、处置问题的能力，创新探索"吹哨报到"机制，推动力量下沉，握指成拳，解决群众揪心事、烦心事、担心事。逐步完善基层治理体系处理机制，通过信息化手段为基层减负，同时释放更多的服务活力，以人民为中心，强化基层服务能力，完善社区治理，提升便民服务，坚持补齐短板，满足人民群众新期待，共建文明和谐家园。

4. 群众参与的全民共治。随手拍是全体市民与网格化系统之间的一个桥梁。全体市民可以随时将发现的社会治理问题、投诉建议、问题咨询、文明事迹等信息，用手机登录随手拍系统，编辑问题后上报到滨海新区网格化管理中心，区网格中心收到市民上报的问题后可以及时回复、反馈市民，实时处理问题。市民则可通过随手拍及时查看网格中心处理后的回复意见及咨询、投诉处理建议，如图1-58所示。

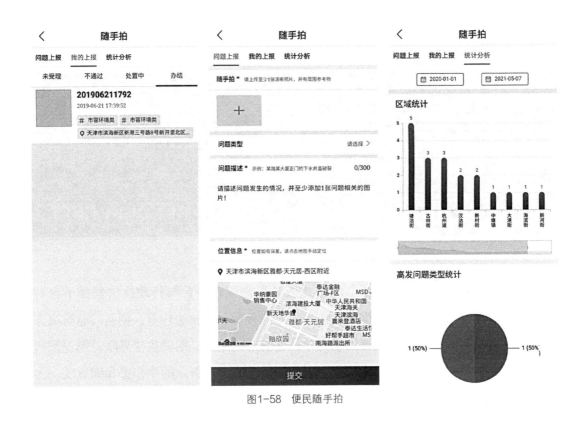

图1-58 便民随手拍

5. AI+大数据技术应用。按照"机器补人"的管理思路，充分结合雪亮工程视频资源，锚准AI赋能推进社会治理实践路径，实现对重点人员管控、出店经营等社会治理频发问题的智能化抓拍，自动识别出相应类别，作为发现问题的重要来源，推送给相关部门处置，如图1-59所示。通过对接智能识别系统数据，形成智能识别专题。实现重点信息资源的全面整合共享、业务应用间的智能协同，提供分析与决策支持。

第一章 迅速推进的城市治理现代化

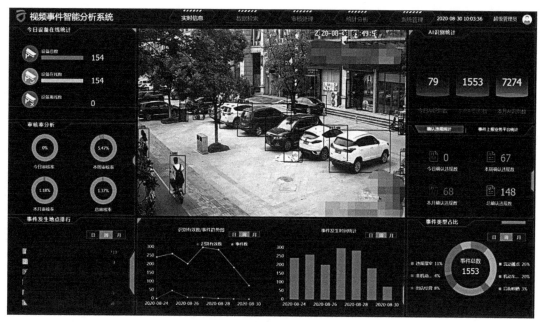

图1-59 视频事件智能分析系统

三、建设成效

通过平台实时对各街道、各开发区进行联调，及时掌握平台对接整合和联网应用情况。截至2021年底，系统共接报案件330余万件，其中网格员自行处置104万件，立案上报226万件。立案并派遣至街镇126万件，派遣至开发区23万件，派遣至区级部门38万件，派遣至驻区企业1.5万件；办结321万余件，结案率高达97%。并通过系统的自动数据分析功能，进行考核评价，有力提升了滨海新区网格化社会治理整体水平，使得网格化社会治理工作日益改善。

（一）变"大网"为"微网"，让治理触角"灵"起来

优化调整现有各类网格，变社会治理的"大网"为精准精细的"微网"，实现"一网兜底"。目前，滨海新区划分基础网格815个，汇聚网格人口基础信息300余万条，实现了"看图知情、看网知人、人房关联、以人找房、查房知人"的智慧化管控，如图1-60所示。

图1-60 滨海新区网格划分图

(二)变"分散"为"聚合",让治理数据"动"起来

整合网格信息数据,借助科技力量,提升社会治理效能。打通了滨海新区21个街镇、5个开发区网格化管理分中心,实现区、街道(开发区)、社区、网格员"四级联动",并以网格员为抓手,创新数据更新机制,以核代采,保障数据实时更新。如图1-61所示。

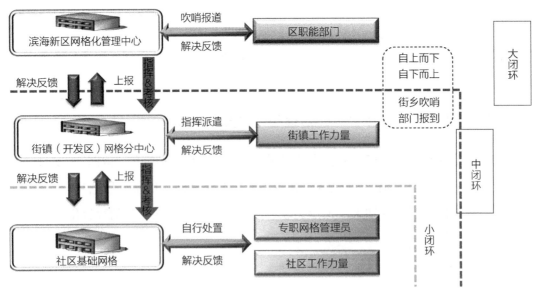

图1-61 滨海新区四级联动体系

（三）变"体制"为"体系"，让治理机制"活"起来

把体制机制建设作为网格治理的关键，构建"平台能支撑、事件可联动、制度有保障"的网状治理体系。始终坚持"大平安"理念，统筹网格信息资源、视频监控资源，在区、街镇设立两级网格化管理中心，与综治中心一体运行，形成综治中心、网格化中心"两位一体"的社会治理枢纽平台，实现社会治理力量整合、资源聚合、工作融合。

（四）变"专兼"为"全员"，让治理力量"强"起来

围绕"人人都是网格员、人人都是监督员"的工作目标，按照"1+5+N"的原则配备力量（1指专职巡查网格员，5指按照1∶300户的原则配备的社区村网格员，由社区工作者、社区村干部、农村专职党务工作者、现有"条口"辅助人员担任，N指每30～50户发展1名网格小组长，由党员骨干、物业工作人员、楼门栋长、村民小组长、志愿者等人员担任），广泛动员社会力量进入网格，通过津治通App、天津市12345热线、组织在线百姓需求（微信小程序）、随手拍App等载体，建立简易快捷的问题反映渠道，充分调动广大人民群众的积极性，构建共建共治共享的社会治理共同体，如图1-62所示。

图1-62 网格员入户走访巡查

（五）变"人力"为"智能"，让响应速度"快"起来

呼入、呼出、回访等工作作为滨海热线与天津便民专线坐席团队的主要工作，为了减少人力语音记录、通话占线时长，并提高受理派遣效率，利用语音识别技术，依托便民服务响应系统开发语音转换文字功能，在接通市民热线电话后，系统自动实时记录通话内容，支持多种语言转化，可以高效、准确地提取热线电话里的文字信息，坐席员只需要对转化的关键字段进行简单的整理，然后通过语义识别技术自动识别对应时间类别，即可快速分别派发给相应部门处置，如图1-63所示。

天津市滨海新区网格化服务管理综合平台项目极大提升了滨海新区社会治理能力和公共服务水平，同时提高了政府决策的精准度，成为智慧滨海建设的重要组成部分。

各种方言听不懂

派单量大，人工识别难度大

信息量太大来不及记录

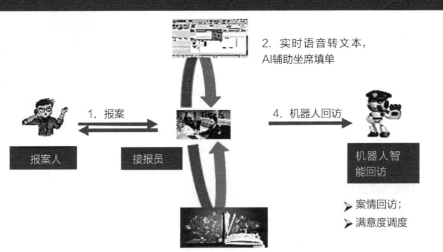

图1-63　中心坐席智能化接单

第十节　深圳市坪山区民生诉求"一网统管"

一、工作背景与现状分析

长期以来，政府部门的咨询、投诉、建议渠道众多，普遍存在标准不统一、流程不规范、处置不高效、体验不友好、监督不到位、资源不集约等情况，在给市民、企业带来困扰和不便的同时，也给政府形象带来较大的负面影响。深圳市坪山区在民生诉求改革前主要存在以下问题：

1. 渠道众多不统一。全区共有12345热线、12319热线、政府邮箱、"美丽深圳"公众号、"@坪山"公众号、网格通App等151个受理渠道。除一部分受理渠道有独立的分拨系统外，更多的是通过办文系统甚至微信、QQ等方式进行分拨，该工作由近百个专、兼职分拨员完成。此外，责任单位还需派专人负责二次分拨和处置反馈工作，一个工作人员开通十几个系统账号，加几十个微信群或QQ群接收、反馈事件是常态。

2. 分类标准不一致。数字城管系统事件分级分类体系比较严谨，信访、综治、领导邮箱等系统的分级分类都比较粗放。各种分类基于部门自身解读，对同一种事件的定义和程度界定差异非常大，交叉、糅杂现象严重，给精准派件、跟踪反馈带来极大困扰，因弄错标准和时限延误处置的情况屡见不鲜。

3. 办理流程不规范。仅数字城管和12345热线相对规范严谨，数字城管系统办理流程实现了全国统一标准，12345热线则参照信访条例执行，其他系统标准各有不同，大多数都只有简单的"受理—分拨—反馈"三段式，且因较多事件并非由系统主管部门直接处置，考核松散，审核不严。

4. 协调机制不顺畅。除数字城管、信访、综治等有考核压力的主体会召开协调会提高处置率外,大多数系统缺乏有效的高位协调机制。通过多平台反馈的同一事件或者短期内有矛盾升级趋势的热点、敏感问题,因无法及时横向交流、协调,难以形成合力,增加了处置压力、延误了处置时机、影响了处置效果。

5. 评价标准不统一。数字城管考核体系较为细致,但部分指标设置脱离现实;12345热线则主要考核受理告知率、办理告知率和办结率,缺乏处置核查力量的支撑;网格管理等系统的事件受理范围与主管部门责任范围倒挂严重,考核主观性较强,基层处置人员疲于应付;更多系统只有简单的时限和反馈要求,没有严格的处置标准和考核体系。

6. 研判预警不及时。分类标准不一致导致统计口径不一致,数据分析困难,热点和敏感问题难以察觉、传导时效性差;大量尚不太尖锐、处于发酵期但处理不好很可能升级为群体性事件的信息没有引起足够重视,难以传递到主要领导层面;具有可采纳意义的意见、建议也难以让决策层及时感知。

7. 群众体验不友好。资源投入的分散和管理标准的混乱导致群众的参与体验普遍不佳,无论规范性、时效性还是人性化、处置效果都不尽如人意,群众参与热情不高,大量的渠道圈粉难、用户活跃度低,逐渐沦为"僵尸"渠道,各种乱象带来的负面效果也极大影响了政府的形象和公信力。

根据上述背景与现状,深圳市坪山区坚持把民生诉求系统改革作为"一号改革任务",自2017年以来,从群众最关心的问题入手,以打造"民有所呼、我有所应,民有所需、我有所为"的服务型政府为目标,学习借鉴知名企业"流程+IT"的经验,持续推进"小切口、深层次、渐进式"的改革,有序推进公众参与城市管理和社会治理。通过三轮流程优化,逐步实现了"整渠道、统分拨""并表单、缩时限""抓实效、优体验""融智慧、助治理""多元治、促效能"的改革目标,取得了较好的成效和社会反响,为构建共建共治共享的治理新格局、加快实现治理能力现代化作出了非常有益的探索。

二、经验做法

坪山区区委书记点题、倾力推进,区委统筹全区资源、打通各个平台,建成了全区统一的汇聚"集中受理、统一分拨、全程监督、闭环运转"于一体的民生诉求分拨系统，实现了"一个系统分事件、一套标准抓落实、一张表单统情况"。2020年以来，坪山区在民生诉求渠道流程优化改革的基础上，推出"社区党群服务中心+民生诉求系统"改革，推动"'一站式'党群服务中心提升服务功能、'一网通'打通线上线下民生诉求、'一支队伍'激活治理效能、'一线工作法'密切党群联系"，形成线上系统和线下阵地互补共促的智慧治理体系，推进基层治理体系和治理能力现代化。

（一）整渠道、统分拨

1. 全面整合受理渠道

改革前，坪山区电话、邮箱、微信公众号、App等民生诉求受理渠道多达151个。启动渠道整合工作后，通过关停、迁移、合并等方式，将151个渠道整合为电话端的12345热线、微信端的"@坪山"、网页端的"领导信箱"三个主渠道，并结合各渠道的技术特点和市民使用习惯，确立了以微信端的"@坪山"为主推渠道的改革思路。整合后，微信端来源事件数量明显上升。2020年前两个季度，民生诉求案件达20369宗，其中微信来源占比57.39%，热线来源占比34.84%。

值得一提的是，坪山区民生诉求改革实现了"热线+网格"的深度融合，将12345热线诉求渠道全面整合进民生诉求系统，并且将12345事项清单与民生诉求其他来源清单进行融合，通过统一的坪山智慧指挥管理平台进行分拨，如图1-64所示。

图1-64 坪山区受理渠道整合

2. 统一分拨队伍，探索"平战一体"模式

改革前，一个基层工作人员需开通十几个系统账号，加几十个微信群或QQ群。改革后，通过构建"1+6+23+N"的事件分拨体系，将区一级的分拨人员统一整合到区值班应急与智慧管理指挥中心，将6个街道分拨人员统一整合到街道指挥分中心，并实行应急值班和事件分拨"平战一体"运行模式，起到了1+1>2的效果，如图1-65所示。

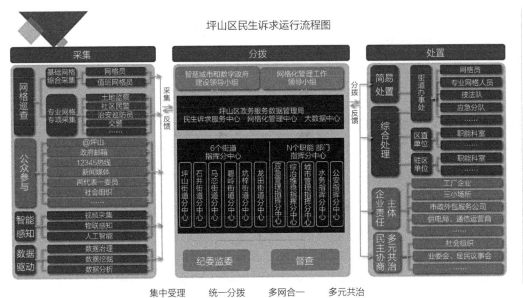

图1-65 坪山区民生诉求运行流程图

（二）并表单、缩时限

经过多次征求意见、多轮迭代更新，坪山区修订出台《坪山区网格化管理事件分级分类标准》和《坪山区"一网统管"职责清单》，对涵盖安全生产、治安维稳、环保水务等各个领域在内的事件进行分级分类管理，全面理顺区、街道、社区职能；根据重要性及紧急性的不同，将所有事件进一步细分为A、B、C三类，逐一明确各级"责任人"；对权责有争议或新产生的治理事项，由机构编制部门介入，协调有关部门进行协商研判，明确责任单位，杜绝部门单位"踢皮球"现象，做到一般案件责任清晰，复杂案件迅速形成整治合力，确保事件得到有效处置。

为对部门办理情况进行实时动态的跟踪问效、督查督办，坪山区通过出台《坪山

第一章 迅速推进的城市治理现代化

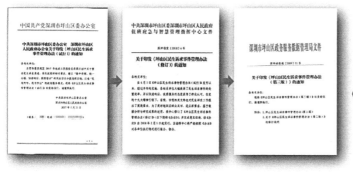
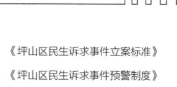

《坪山区民生诉求事件管理办法》
三次修订

其他配套制度

图1-66 坪山区相关政策文件

区民生诉求事件管理办法》,优化事件办理流程,将部分事件处置时限压缩至原来的1/60,对部分咨询问题实现"秒回";同时,推出"首问负责制""首办负责制"等6项督办机制,采用"倒计时提醒、逐级催办、持续跟踪、电话回访"等方式,将相关数据与协同办公平台对接,实时更新"进度条",并通过短信、电话等方式向市民及时反馈办理进度,全程接受市民监督,提升政府服务的群众满意度;对于民生诉求事件推进不力的、经常性出现无正当理由超期不结案的、处置率整体排名靠后的责任单位,系统自动识别,将有关数据推送到区督查部门予以通报、批评。如图1-66所示。

1. 统一分级分类规则,明确责任单位和法律依据

坪山区对各事件分拨系统的分级分类规则和处置责任主体进行全面梳理,最终形成了一张包含19个一级分类、138个二级分类、1108个三级分类的总表单,基本实现了分类无交叉、事件描述精确、责任单位明确,如图1-67所示。同时,聘请专业法律顾问,厘清了很多长期推诿扯皮的事项,清理了一大批过期、无效的法律依据和部门规定。目前,形成了三级1108类的"一网统管"职责清单,为政府部门服务管理的精细化提供了有力支撑。

2. 规范优化业务流程,统一压缩办理时限

坪山区经过广泛访谈和研究比选,以数字城管事件办理流程为基础模板,制定了"一般""简易"两套业务流程,规范了5~9个不等的标准化流程节点,并制定了详细的适用规则。处置时限方面,2017年进行第一轮时限压缩,将原有各系统的处置时限统一分为咨询、建议、投诉三大类,分别取最短处置时限要求作为统一要求(以12345热线来源事件为例,处置时限从信访条例规定的不分类别累计的60个自然日压

坪山区网格化服务管理事件分级分类标准(第三版)
(一级19个，二级138个，三级1108个)

序号	一级分类	二级分类									
1	市容环卫	垃圾	渣土	废弃物	绿化养护	道路保洁	占道经营	街面秩序	广告	园林设计	家禽宠物	其他市容环卫
2	环保水务	水污染	大气污染	噪声污染	固废污染	光污染	放射性污染	水利	水务管理	环保监测与标志管理	环保水务政策	其他环保水务
3	市政设施	环卫设施	交通设施	道路设施	消防设施	电力通信设施	井盖	公园管理	其他市政设施			
4	交通运输	交通证照	交通秩序	道路管理	运输管理	其他交通运输						
5	教育管理	学籍学位管理	师资管理	教学管理	教育收费	学校规划建设	培训机构	其他教育管理				
6	规土城建	土地资源管理	城乡规划建设	住房保障	房地产管理	建筑市场	矿产管理	其他规土城建				
7	安全监督	生产安全	消防安全	燃气安全	化学品	交通安全	校园安全	自然灾害	施工安全	特种设备	其他安全监督	
8	食药市监	食品安全	药品安全	市场管理	农产品	烟草市场	野生资源管理	互联网与通信市场管理	其他食药市监			
9	医疗卫生	医疗管理	卫生监管	人口计生	医患纠纷	公共卫生事件	其他医疗卫生					
10	劳动社保	人才引进	就业创业	劳动保护	工资福利	社保	其他劳动社保					
11	文体旅游	文化	体育	旅游	广播影视	其他文体旅游						
12	治安维稳	社会治安	警务督察	刑罚执行	刑案侦破	户籍证件	司法行政	民间纠纷	经济纠纷	其他治安维稳		
13	民政服务	区划地名	福利慈善	社会组织	社会救助	救灾服务	双拥优抚	其他民政服务				
14	经济管理	企业管理	企业服务	经济政策	商业贸易	金融财税	保险证券期货	能源管理	国资监管	其他经济管理		
15	社区管理	社区公共管理	社区治理	林业管理	扶贫开发	农资农技	农垦农场	惠农补贴	其他社区管理			
16	组织人事	选拔任用	人事管理	编制职位	军转安置	机构改革	离休待遇	其他组织人事				
17	党建群团	党的建设	群团组织	志愿者	其他党建群团							
18	党纪作风	行政效能	贪污贿赂	失职渎职	滥用职权	干部作风	其他党纪作风					
19	统一战线	民族宗教	港澳台侨	其他统一战线								

图1-67 坪山区相关政策文件

缩至按分类的2小时~15个工作日，压缩幅度近四分之三）。2018年进行第二轮时限压缩，将2017年全年各咨询、建议、投诉处置平均用时，分别压缩至3个工作日、5个工作日、2小时~10个工作日。2019年进行第三轮时限压缩，又将时限分别压缩至1个工作日、3个工作日、1小时~7个工作日，如图1-68所示。

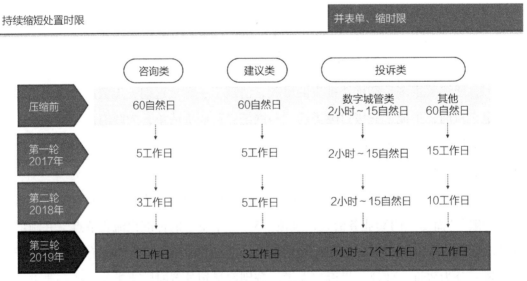

图1-68 合并表单，压缩处置时限

（三）抓实效、优体验

1．高位推进督办问责，狠抓事件处置实效

坪山区主要领导亲自挂帅、高位推进，确保各项改革措施落到实处。每周书记办公会第一议题固定通报民生诉求事件办理情况，高位推进解决热点、难点问题。区纪委监委联合区政务服务数据管理局，对推诿扯皮及懒政怠政的部门、人员进行问责，如图1–69、图1–70所示。同时，通过采取“首办负责制”“并联派件”“正向激励”“先抢修、再问责”的快速响应机制等方式，全面提升事件处置效率。

2020年4月1日起，每天选编重点、热点、敏感事件短信，发送给区领导及相关部门，以便提前介入，将问题解决在萌芽状态，
累计发送**80**期**1787**条，领导批示**18**条

【坪山区】民生诉求专题早报（7月17日）
7月10日幼儿园公布录取结果以来，共受理幼儿园入学事件100宗，较2019年同期上升51.52（2019年同期66宗），主要集中小区有亚迪三村(27宗)、财富城（16宗）、聚龙花园（8宗）、富士锦园（7宗）。2019年集中小区有京基御景印象（31宗）、聚龙花园（13宗）、富士锦园（13宗）。
6月29日小一公示审核结果以来（将于7月29日公布录取结果），共受理小一入学事件79宗（2019年同期78宗），主要为坪山同心外国语学校（8宗）、碧岭小学（5宗）、竹坑学校（4宗）、田田小学（4宗）。
6月29日初一公示审核结果以来（将于7月29日公布录取结果），共受理初一入学事件7宗（2019年同期13宗）。

【坪山区】民生诉求每日早报（7月18日）
1.京基御景印象四期业主投诉小区垃圾未及时清理，导致细菌滋生、臭味扰民。（13人14宗）
2.深业东城上邸业主投诉物业使用有机肥给小区花草施肥，导致臭味扰民。（7人7宗）
【发送范围：书记、区长、映中、宗武、宝洲、华新、青云，住房和建设局、政务服务数据管理局、坪山街

【坪山区】民生诉求每日早报领导批示（7月18日）
09:12，李勇同志就"京基御景印象四期业主投诉小区垃圾未及时清理、深业东城上邸业主投诉物业使用有机肥给小区花草施肥，导致臭味扰民"事件作出批示：请区城管局会同街道抓紧处理，确保城区环境干净清洁。
【发送范围：书记、区长、映中、宗武、宝洲、华新、青云，住房和建设局、城市管理和综合执法局、政务服务数据管理局、坪山街道、马峦街道主要负责人】–区政务服务数据管理局

【坪山区】民生诉求每日早报事件处置回复（7月21日）
关于"京基御景印象四期业主投诉小区垃圾未及时清理，导致细菌滋生、臭味扰民"事件，马峦街道办事处回复如下：按照市城管和综合执法局关于全市垃圾分类工作要求，目前全市存在垃圾积压以及东部环保电厂涡轮检修的压力（预计检修期从6月12日至7月下旬），坪山区生活垃圾入东部环保电厂处理量，由约600吨/天降至400吨/天，导致京基小区每日垃圾清运量和清运频次减少。接到投诉后，街道办事处立即联系物业服务企业清理垃圾，当日下午已完成垃圾清运和地面消毒清洁。
【发送范围：书记、区长、映中、宗武、宝洲、华新、青云，住房和建设局、城市管理和综合执法局、政务服务数据管理局、马峦街道主要负责人】–区政务服务数据管理局

【坪山区】民生诉求每日早报（6月30日）
09:10，永欣同志就"深城投中心公馆业主投诉小区雨水管未接入市政管道等6个问题；碧桂园凤凰公馆业主投诉小区外墙脱落等质量问题"事件作出批示：请青云、住建局守明重视，结合深城投中心公馆、碧桂园凤凰公馆建筑质量、设施标准问题再深入现场研究，结合我区全流程监管文件从制度上进行完善（可以探索让开发商在业主入伙后一个月内根据业主普遍意见集中修缮改进的制度安排），从源头化解类似矛盾。
【发送范围：书记、区长、映中、宗武、宝洲、华新、青云，住房和建设局、政务服务数据管理局、坪山街道办事处、碧岭街道办事处主要负责人】
–区政务服务数据管理局

【坪山区】民生诉求专题早报领导批示（7月17日）
09:21，李勇同志就"近期幼儿园、小一、初一入学事件"作出批示：请彭尧同志统筹，将情况全面梳理一下，尽最大努力解决合理诉求，确保稳定有序。
【发送范围：书记、区长、映中、宗武、宝洲、华新、青云、彭尧，教育局、住房和建设局、政务服务数据管理局、规划土地监察局、市规划和自然资源局坪山管理局、坪山街道、坑梓街道、龙田街道、石井街道、马峦街道、碧岭街道主要负责人】–区政务服务数据管理局

图1–69　督办问责

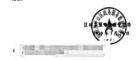

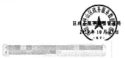

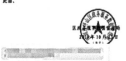

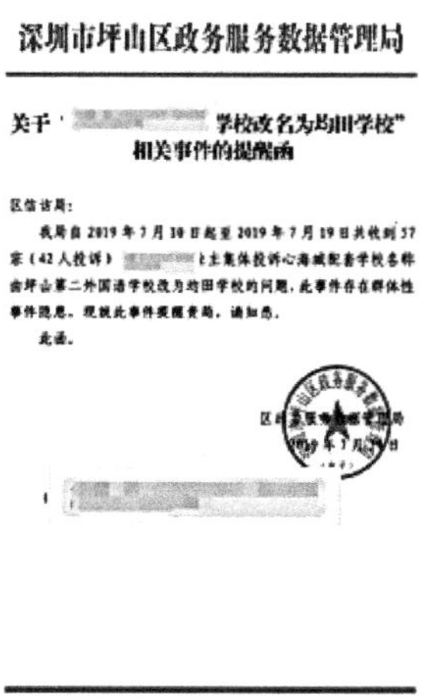

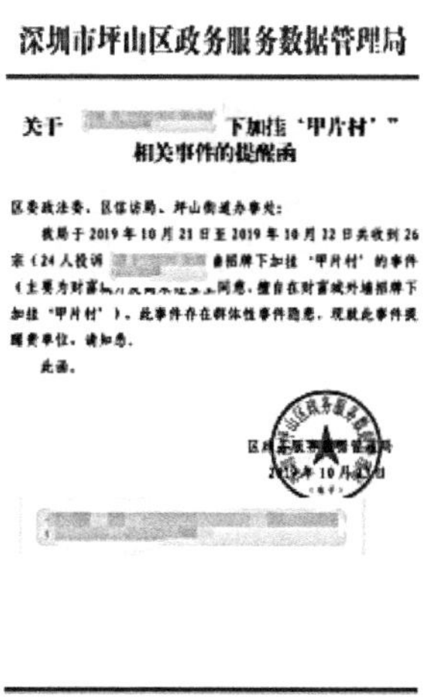

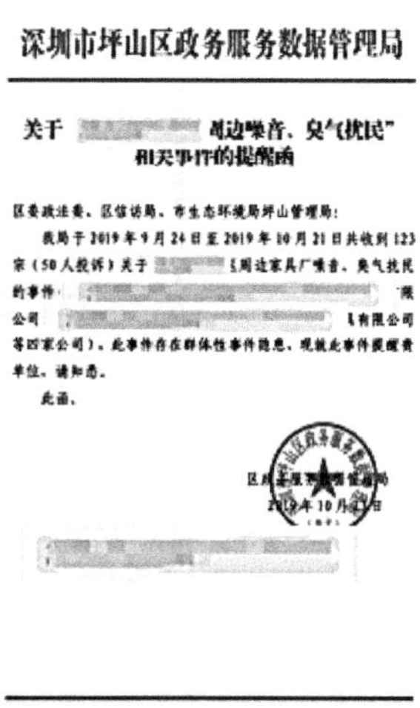

图1–70　相关事件提醒函

图1-70　相关事件提醒函（续）

2. 以人民满意为标准，持续优化服务体验

一是持续优化"@坪山"的登录和事件受理界面，简化操作流程，优化系统使用体验。二是打通后台分拨系统和前端微信受理系统的共享流程，在"@坪山"上同步呈现5-13个分拨、处置、反馈节点的进度条，让市民更直观地掌握事件处置进度，如图1-71所示。三是通过处置单位或值班网格员现场拍摄、上传照片的方式，让市民能直接看到处置后的实际效果。四是建立"处置速度、处置效果、服务态度、系统体验"等多维度五星制评价体系，倒逼各部门优化流程，提升服务水平，提高工作效率。

入口

首页

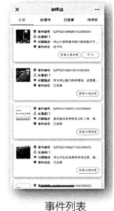

事件列表

图1-71　微信端："@坪山"

（四）融智慧、助治理

1. 数据分析辅助科学决策精准治理

一是坚持将周期性数据统计分析与分行业、分地域、分时段专题分析相结合，积累高频事件类型、高发路段、高发区域、高发时段等200多个常用数据统计分析模型，累计编制各类数据分析报告并提出相关建议意见，便于坪山区领导和各相关部门进行科学决策、精准治理。二是与环保督查、文明城市创建等工作相结合，专项收集相关领域民生问题，专题统计分析辅助决策管理。三是建立热点、敏感事件实时通报、预警机制。针对市民关注的热线、敏感事件进行挖掘分析，形成提醒函发送区委政法委、教育局、应急管理局、信访局等相关单位，提醒各有关部门尽早警觉、提前干预，有效将矛盾化解在萌芽阶段，如图1-72所示。

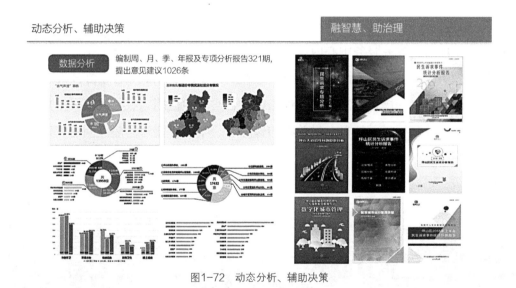

图1-72 动态分析、辅助决策

2. 以大数据、人工智能技术支撑系统功能

一是利用大数据平台和数据可视化工具建立模型库，开展定制化数据统计分析服务，探索实现民生诉求统计分析结果和投诉、建议内容的精准推送。二是为每一单民生诉求事件打上多个标签（如重复投诉、特殊投诉人、重点督办、专项工作等），目前各类标签数量已达35个，为今后的实时查询、统计、快速、准确分析打下了良好的基础。三是建立知识库，编制热点问题应答模板，探索引入人工智能语音机器人，建立热点问题、重复投诉的"秒回"机制，如图1-73所示。

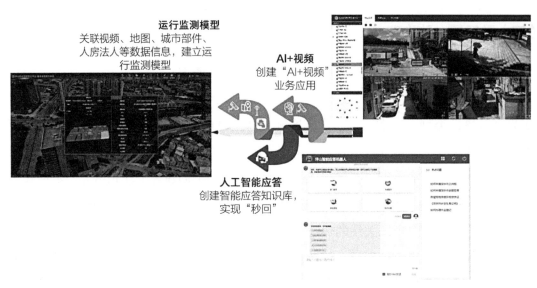

图1-73 开展数据统计分析

3. 积极开展政民互动活动，促进公众参与

一是在坪山区政务服务中心内设立民情联系部，专职负责系统的推广、社情民意的收集以及开展政民互动活动，如图1-74所示。二是将人民网地方留言板、家在深圳、深圳论坛、奥一爆料等32个热点论坛纳入日常关注范围，收集网络民生热点。三是围绕数据统计分析显示的群众最关心的保障房、学位、交通等热点问题，定期、不

图1-74 民情联系活动

定期到基层举办"面对面、零距离"的民生座谈会，组织相关部门负责人亲自出面就市民的疑问和担心做出专业、细致的解释说明，争取群众的理解和支持。四是围绕交通规划、公共基础设施建设等问题开展意见征询活动，收集大量的群众建议，各部门吸收采纳质量较高的意见建议。五是主动为"两代表一委员"、高端人才以及弱势人群等群体建立专用入口和专属标签，专人跟进催办、督办其提交的咨询、建议、投诉，实时反馈进度。

（五）多元治、促效能

2020年以来，坪山区在民生诉求改革的基础上，通过"政务服务零距离"等线下沟通机制，以系统为媒，建政民互动平台，促多元共治。推进"党群服务中心+民生诉求系统"改革，推动"'一站式'党群服务中心提升服务功能、'一网通'打通线上线下民生诉求、'一支队伍'激活治理效能、'一线工作法'密切党群联系"，把更多资源、服务、管理下沉到社区，加强城乡社区能力建设，构建基层智慧治理体系，提升基层公共服务、矛盾化解、应急管理水平，推进基层治理体系和治理能力现代化，如图1-75所示。

图1-75 坪山区"党群服务中心+民生诉求系统"改革

以深圳市坪山区马峦街道为例：

1. "一站式"党群服务中心提升服务功能

坚持以人民为中心，聚焦服务对象、服务需求、服务资源多元属性，实体化社区党群服务中心运作，一站式构建精准化、精细化、专业化、标准化的社区服务体系。

一是服务场所最大化。串联社区周边警务室、社康中心、主题公园等场所，将社区分散的服务功能集中到党群服务中心，组群打造"5分钟党群服务圈"，使其成为集公共服务供给、公众需求对接、矛盾纠纷调解、综合事务保障于一体的"一站式"服务平台，党群服务中心办公楼拆除围墙，敞开服务，将6层楼中的5层用于便民服务，成为全市首个基层综合服务中心。

二是服务事项集成化。依托党群服务中心，扩充社区窗口服务事项202项，下沉区直部门社区服务事项88项，配套设立25个功能室，设置民生诉求窗口实现线上收集与线上通办，提供功能全、覆盖广、内容新的公共服务，"一站式"解决群众业务办理、公共服务、诉求建议三件事。

三是服务功能特色化。以民需为导向，赋予社区党委民生微实事资金使用支配权，通过"共性+个性"项目设计，实现"社区党委+专业团队+品牌化运营"，创新推出新生儿大礼包、长者生日会、24小时心理援助热线等特色项目，并菜单式动态更新服务项目，把服务做到居民的心坎里，"一站式"精准满足居民多元需求，提升居民归属感、获得感和幸福感，如图1-76所示。

图1-76 一站式党群服务中心

2. "一网通"打通线上线下民生诉求

依托坪山区民生诉求系统，建立智能化"坪环之芯"，通过全方位采集、全流程记录、全链条处理、全方位共享，推进线上线下服务双轨并行，打造可感知、会思考、善指挥、能记忆的"最强大脑"，如图1-77所示。

图1-77　坪山区民生诉求系统

一是重构社区治理模式。破除部门数据壁垒，将"坪环之芯"打造成社区工作平台、智慧治理平台，工作人员全部编入社区网格，围绕"党建、服务、治理"变身诉求采集员、数据录入员和矛盾调解员，破解处置链条长、效率低、效果差等问题，实现服务精准高效、诉求及时回应、问题快速处理。

二是重构基层治理能力。构建大数据热点敏感事件实时预警联动机制，通过布设监控探头、传感器实时采集、收集社情民意，扩充创文、防疫、三小场所智能烟感等功能，改变社区看不到数据、用不到数据的被动局面，形成可视化治理、科学化分拨、数据化研判、智慧化预防的新局面，提升公共服务的可及性与便捷性，实现公共需求与公共服务的无缝对接，推动社区治理从经验决策向科学研判、从盲人摸象向实时掌握、从被动灭火向主动服务转变。

三是重构治理考核体系。依托"坪环之芯"分拨机制和社区准入事项清单，配套制定职能部门诉求处置考核标准，综合线上系统打分和线下居民评价，作为部门和人员年度考核的重要指标，建立社区出题、部门答题、居民打分的考核体系，推动职能部门主动协同融入基层治理。治理流程如图1-78所示。

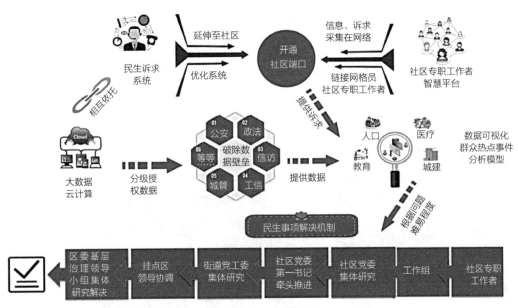

图1-78 治理流程

3. "一支队伍"激活治理效能

坚持"智理+治理"深度融合,整合网格、消防、城管等街道社区两级管理资源和力量,建立与"坪环之芯"同向发力的"一支队伍",推动基层治理精细化、精准化,如图1-79所示。

一是多网合一、责任到格。优化整合城管、网格、消防、交安、治安等原有网格

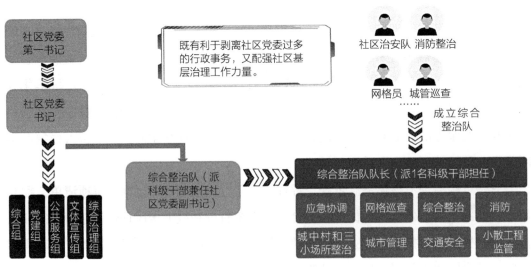

图1-79 构建一支队伍

和队伍，成立综合整治队，由社区党委副书记任队长，把整治力量汇聚到网格，把责任明确到网格，做到"人往格中去、事在网中办"，并与"一网通"数据同步对接。

二是采办结合、闭环处理。综合整治队内，设综合、采办、整治三个业务中队，将采办中队和整治中队分成若干小组，实行"一配一"组合，对日常巡查中可现场处置的事项即采即办，不可现场处置的通报配对整治组进行整治，或上传"坪环之芯"分拨处置，处置结果再上报"坪环之芯"终端，形成可视化闭环处置。

三是理顺机制、街社联动。理清街道、社区两级职责边界，推进社区一体化，采用"社区党委+工作组+岗位说明书"模式，设定综合、党建、公服、宣传文体、综合治理5个功能组，社区全员定岗定责，明确社区和"一支队伍"工作清单、职责清单、服务清单，配套事项准入、首派负责、研判协商、第一书记负责和监督考核5项机制，建立上下贯通、协调联动的治理体系。

4. "一线工作法"密切党群联系

充分发扬密切联系群众的优良作风，坚持党建引领、协同共治、作风转变一体推进，实现机制、意识和具体工作的整体转型，推动基层治理体系现代化。创建线上+线下工作模式，线上建立微信联系群、政务沟通群、协同处理群3个群，线下建立居民议事会、社区党委联席会、街道协调会3个会，通过前期去行政化、中期强行政支撑、后期宣传强行政化，分类别、分步骤、分层级推动联系服务群众全覆盖、诉求问题一揽子解决。同时，提升基层干部作风。全面落实"挂街联社包居进厂"工作机制，建立社区专职工作者结对联系服务群众工作机制，使之成为群众的信息采集员、服务输送员、诉求办理员、矛盾调解员和情感依靠员，让群众明白惠从何来，自觉感党恩、听党话、跟党走。在坪环社区公示墙上，社区党委班子的手机号码全部公开，手机24小时开机，如图1-80所示。

□ 推动社区工作人员联系服务群众，建立重点服务对象的详细服务台账，确保改革在一线落实，问题在一线解决。

□ 社区党群服务中心实体化运行以后，基层治理的活就由下派的科级干部统起来，社区党委书记可以到党群服务中心扮演"店小二"的角色。

图1-80 一线工作法

三、建设成效

(一)民生诉求"一网统管"

坪山区依托民生诉求系统,解决了基层治理平台多、渠道杂、流程繁、事权乱等问题。2020年以来,坪山区民生诉求系统累计受理诉求事件超13万宗,办结率达99.96%,平均处置时长3.3天。群众身边的操心事、烦心事、揪心事很快得到妥善办理,真正实现民生诉求"一网统管",如图1-81所示。

图1-81 一网通办理

1. 公众参与更积极

近三年,事件总量几乎以每年翻一番的速度增长。2019年新版系统升级上线以来,公众号粉丝数翻了近一番,2020年前半年累计受理诉求20369宗,相比2019年前半年提升17.31%,市民参与城市管理社会治理的意愿日趋强烈。

2. 事件处置更高效

2018年以来的三年,受理告知率和办理告知率长期保持100%,各项考核均名列全市前茅。2020年前两个季度,在事件量同比上升17.31%、处置时限进一步压缩30%的情况下,按期办结率仍达95.76%,总办结率达99.87%,再创历史新高,处置时限较

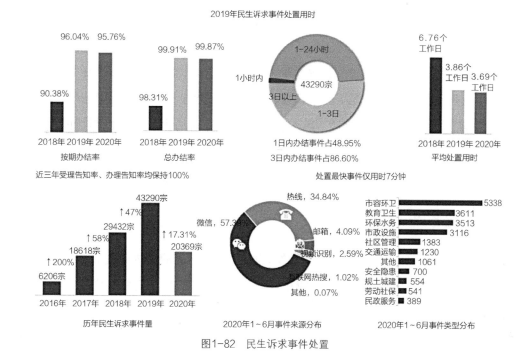

图1-82 民生诉求事件处置

2019年的平均6.76个工作日缩短了2.07个工作日,最快处置事件仅用时7分钟。如图1-82所示。

3. 政府运行更透明

事件处置全流程公开、可视,挤压了"灰色空间",为效能评价和监督创造了条件,化解了市民对诉求"石沉大海"的担忧,提升了政府形象及公信力。多维的数据分析,助力职能部门合理配置资源;畅通的民意渠道,助力执政者更真实地感知施政反响,从而进行科学决策,如图1-83所示。

图1-83 事件处置全流程公开

4. 政民关系更和谐

结合有奖问卷、满意度评价体系，与市民形成"改进—反馈—改进"闭环，促进政府业务流程优化；短信、微信、电话等多元沟通形式，减轻了市民与政府的距离感，提升了群众获得感及满意度，促使产生积极、正面的社会情绪，累计收到表扬信60余封，激发了社会多元主体活力。同时，热点、敏感事件实时通报、预警机制帮助政法、信访、劳动等部门实现精准提前介入，及时应对，有效将矛盾化解在萌芽阶段，进一步缓解了社会矛盾，全区群众上访量和群体性事件量连续三年处在全市最低水平。

（二）为民服务"一站通办"

系统建好是基础，用好是关键。要发挥民生诉求系统的最大效能，就必须将其放在最贴近基层、最靠近群众的地方使用。社区党群服务中心就是这样一个基层社会治理的前沿堡垒。坪山区于2020年以来依托"社区党群服务中心+民生诉求系统"改革，推动基层治理"一网统管"和党群服务"一站通办"有机融合，形成线上系统和线下阵地互补共促的治理体系。如图1-84所示。

坪山区把民生诉求系统端口延伸到社区，让每名社区专职工作者都可以对接群众诉求，自主录入系统，并将全部事项都纳入流程进行分拨办理，社区不再兜底负责，这不但提高了群众诉求办理效率，更有效减轻了社区负担。系统的下沉使坪山区各社区有了一个基层治理的"智慧大脑"，坪山区公安、政法、信访、工信、城管等部门掌握的非涉密业务数据统筹下放社区，建立社区数据库。在坪山区坪环社区"坪环之芯"智慧指挥中心，一张大屏幕囊括了社区房屋、人口、道路、市政设施等各类数据，甚至一个排水井盖都被赋予了唯一编码，明确权属单位、养护单位等信息，并通过高清探头、烟感监控等智能感知设备，进行全周期实时监管。

"一网统管"在社区的落实和运用，让社区可以更高效地对接各类资源力量，发挥相应作用；也让社区在提升工作效率的同时，充分释放治理压力，使其有更多的时间和精力放在抓党建、抓服务上。以此为契机，坪山区大力整合区街部门、群团组织、企业、社会组织等资源力量，将更多资源、服务及管理事项放到社区，使其在社区党委统筹下发挥作用，更好地惠及群众。

如今，在坪山区各社区政务服务综合窗口，居民可现场办理215项事务，可通过政务一体机在线办理176项事务，可办理88项下沉区直部门社区服务事项，群众不出社区就可以办好各项政务事项；在坪山区各社区综治中心，社区针对群众法律服务和矛盾调解的

第一章 迅速推进的城市治理现代化

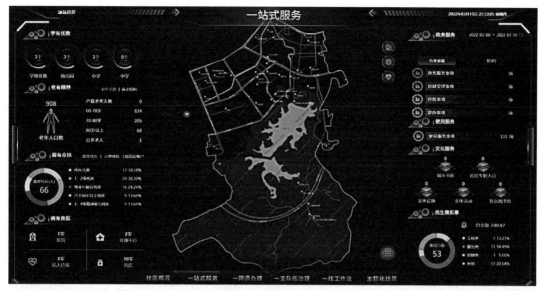

图1-84 一站式服务

需求，开展法官进社区、检察官进社区、律师和法律顾问进社区活动，依托民生诉求系统呼叫法院、司法局等单位开展社区人民调解活动，联动化解矛盾纠纷。如图1-84所示。

（三）治理事件"一次解决"

为实现基层治理事件的统一采集、实时调度、现场办理，并发挥其最大效能，就需要在距离群众最近的地方同步组建功能全面、响应迅速、协调联动的基层治理队伍。

坪山区按照"部门管建、社区管用"的原则，整编街、社两级队伍，将网格员、消防整治、城管巡查等队伍与社区治安队进行整合，成立归属社区党委管理的综合整治队；下派街道科级干部担任整治队长，兼任社区党委副书记，在社区党委领导下，具体负责网格综合巡查、信息采集审核以及消防安全、城中村和三小场所安全隐患、城管、市政等社区巡查整治工作任务，形成领导权归社区、事权归街道、协调有序又职责清晰的工作架构。

坪山区建立"基础网格+专业力量"机制，把若干基础网格组成一个片区，由综合整治队员在区域内包干，负责巡查整治工作；明确综合整治队141项社区整治事项，队员依托民生诉求系统，构建"发现+整治+反馈+复查"工作闭环，实现简单事项即采即办，重点难点事项集中整治，需执法力量介入的，则将事项调度至街道，由街道派出执法人员，与整治队员协同办理。

在社区建立综合整治队伍，队员在社区党委的指挥下集中行动，既有效化解了以

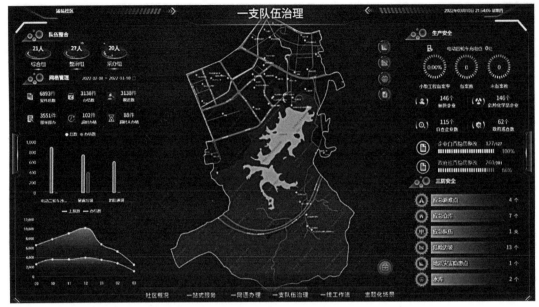

图1-85 一支队伍治理

前各支队伍各自行动，反复巡查整治扰企扰民的问题，又极大地提高了整治效率。现在，经过系统的科学研判调度，绝大多数事件都能够做到一次出勤、一次解决，有效提高了群众的满意度，如图1-85所示。

（四）社情民意"一线通达"

坪山区通过探索"一网统管、一站通办"模式，使群众身边的糟心事、烦心事得到高质高效解决，基层党群干群关系更加密切。在此基础上，坪山区继续深化"行走坪山"工作机制，坚持用脚步丈量民情、用行动贴近民声，切实把基层党建和基层治理实效体现在解决群众诉求上。坪山区对全区600多名专职工作者设岗定责，将岗位职责落实到个人，保证至少有一半的人员从事服务群众和党建工作；社区党委书记、"两委"班子成员和社区专职工作者全部编入网格，各网格每年结对走访联系群众不少于500名，并建立不少于50个重点服务对象的详细台账。坪山区各街道则下派党工委委员担任社区党委"第一书记"，下派科级干部担任居民小组党组织"第一书记"，协调街道力量支持、指导社区开展党群服务和基层治理工作。

在区级层面，坪山区建立区委常委挂点街道、区领导联系社区、区直部门处级干部包点居民小组、常态走访工厂企业的"挂街联社包居进厂"工作机制；组织区直机关单位结对社区党群服务中心，支持开展各类党群服务活动，面对面联系服务群众，

第一章 迅速推进的城市治理现代化

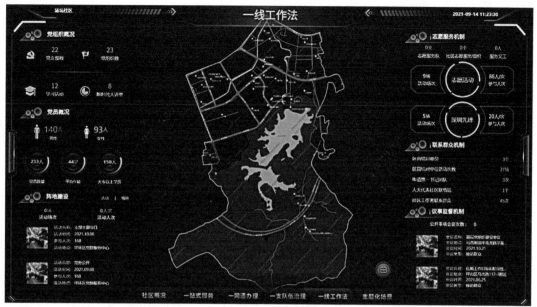

图1-86 一线工作法

将收集到的问题诉求全部纳入系统办理。如图1-86所示。

深圳坪山区的民生诉求改革实践获得了多方肯定，荣获2019年全国"创新社会治理典型案例——最佳案例"，如图1-87所示；获评《南方都市报》"街坊口碑奖"，并得到邱泽奇教授、涂子沛等北京大学、中国社科院、中山大学等专家学者的一致认可；2019年9月作为优秀案例被国务院官方网站中国政府网选登；2019年10月，时任深圳市委书记王伟中对坪山区民生诉求领域的改革创新给予充分肯定，明确要求对该项工作进行总结、推广。政民互动大奖如图1-88所示。

2021年7月11日晚，《新闻联播》用两分半钟的篇幅聚焦深圳数字政府建设，同时针对坪山民生诉求改革进行了专项报道推介。

图1-87 创新社会治理最佳案例

图1-88 政民互动大奖

第二章

数字时代的数字化转型新趋势

第一节 上海市以市民感知大数据为社会赋能

作为国际化大都市的上海,正在深入贯彻落实"人民城市"和"国际数字之都"建设重要理念,围绕城市数字化转型的重大战略任务,全面推进经济、生活、治理等领域数字化转型。上海12345市民服务热线作为超大城市的总客服,紧扣"一网通办"和"一网统管"建设目标,以推进全市政务服务热线归并优化为契机,建设上海市12345城市运行市民感知平台,积极应用AI等技术,更深层次地发挥民生民意诉求的价值,助力城市软实力有效提升。

一、建设背景

上海市热线办积极响应数字化转型要求,结合实际业务情况,合理运用大数据、人工智能等现代信息技术,开展智能分析与应用,对市民诉求进行深度探索,不断从市民诉求中挖掘和扩展数据要素,夯实热线管理工作基础,为市民热线管理办公室提供顶层监管视野,向其他委办提供民生信息,以数据为社会赋能。

(一)基于工单诉求构建标签体系,夯实数据应用基础

市民的诉求是多种多样的,且是不断变化的,如何有效、准确、快速地获取市民诉求的关键信息,对热线管理者的精准派单、研判分析有着重要作用,在现有数据要素和分类标准难以满足要求时,上海市热线办合理运用自然语言智能算法技术构建AI感知引擎,对工单诉求进行智能化、深度化的挖掘,建立标签体系,不断扩充和夯实

数据基础,为后续分类体系建立的探索、分业务场景的建设、多维平台的分析打下扎实的数据应用基础。

标签体系是在现有数据元素外的有效扩充,包括话题标签、责任主体标签、时间标签、诉求地点标签等。标签体系的建立,可以更有效地表达工单之后的具体诉求、具体信息,且是自动生成的,可以有效地辅助业务人员进行分析研判、工单流转、预警监测等,让市民诉求通过标签体系更加高效地发现、处置,促进城市科学化、精细化、智能化管理水平的提高。

(二)推动流程再造,探索工单统一流转的分类标准

话题标签是对工单诉求更细颗粒度的描述,基于话题标签,不仅强化了现有工单诉求描述的颗粒度、准确度,同时也将市里现有的1600多项分类提升了数倍,有效解决了市里现有四级分类体系不准确、不全面的问题。话题标签的自动化生成也代替了传统人工分类的方式,大幅提升了工单诉求归类的效率,推动了热线管理工作的智能化进程。

基于话题标签、市热线办分类体系、委办局分类标准,构建基于话题标签的统一流转分类体系,推动工单业务流程再造,有效解决了市热线办到条线部门多次分类的问题,可以直接将市里分类与委办局下级处置部门的分类进行对应,提升委办局的工单流转效率,实现工单流转的统一分类体系和标准,为热线办整体管理工作效率的提升提供有效助力。

(三)精准对接业务场景,充分发挥标签应用价值

通过对接上海市水务局、房管局、公安局等热线工单"大户",并根据其业务特性,在话题标签的基础上打造个性化的业务话题标签,贴合各委办局的实际场景,提升话题标签的应用价值。在各委办局的业务话题标签的基础上,打造委办局的特色应用分析场景,实现对各委办局管辖区域内的全局感知,精准发现群众在不同领域的操心事、烦心事、揪心事,同时对各委办局事项的分布特征、办理结果进行综合分析,精准辅助委办局进行市民诉求的精细化发展和管理,提升处置部门的效能,为委办局事项治理有效赋能。热线工单统计见图2-1。

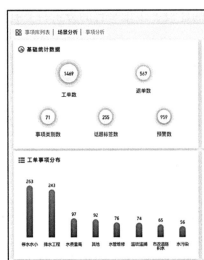
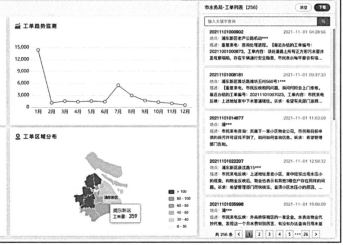

图2-1 热线工单统计

二、经验做法

数据共享与融合则是平台建设的基石与支撑,推动热线基础数据、扩展数据、外部数据的汇聚和整合,并基于数据的价值,建设感知体系,打造多维分析平台和感知指数评估体系,为热线工作的精准化发现、管理提供有效保障。

(一)打造热线要素多维分析平台

多维分析平台是从大量的、不完全的、有噪声的、模糊的、随机的工单数据中集中识别出有效的、新颖的、潜在有用的信息。12345政务服务热线平台涵盖面广,系统运行数据也纷繁复杂,针对其在运行过程中产生的大量数据,多维分析子系统可以从多种角度提炼分析出可用于城市治理决策的数据,为城市治理决策者提供可靠的分析数据及决策参考。

系统通过多维分析和数据钻取,以图表的方式向用户展现城市运行状态以及历史成果,同时在时间、空间和业务三个维度对城市治理中存在的问题进行全方位分析,发现问题规律,更加直观反映出城市治理的薄弱环节和突出问题,快速界定责任,提高城市治理问题处理效能,提高城市治理经费使用效益,如图2-2所示。

第二章 数字时代的数字化转型新趋势

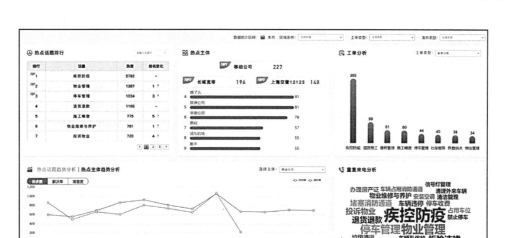

图2-2 热线分析

（二）构建全市感知指数评估体系

依托受理数量、解决率、先行联系率、满意度等多个方面的数据，构建感受指数评估体系，从各个行业的角度辅助管理者综合评估各个行业的诉求发展态势，呈现各个重点领域、重点区域的实时态势、变化趋势等，如图2-3所示。指数分为受理指数、处置指数、评价指数三类，行业领域分为社会管理类、公安政法类、经济综合类等8个领域。感知指数评估体系的建立，助力热线评估工作由经验式、粗放式向智能化、精细化管理转变，实现了热线评估工作的全面性、准确性的大幅提高。

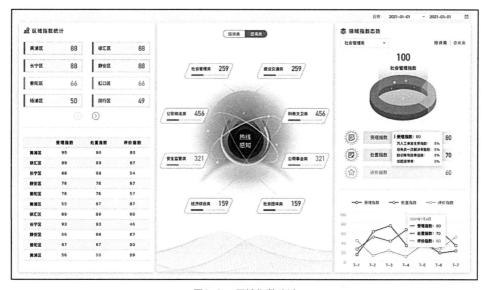

图2-3 区域指数统计

· 159 ·

三、建设成效

城市安全监测体系的建设既面向决策支持，也面向公众服务，依托基础数据和人工智能技术，健全风险预警体系，搭建监测平台，对社会、政府、企业的预警感知和响应处置有着重要的作用。

（一）健全城市运行风险预警体系

依托现有业务数据和实际需求，以政府各部门的业务动态数据和基础数据为基础，将人、事、行为、时间、空间与各部门数据资源（如入学入托、消防、培训机构监管、医院监管、防汛防台、交通管理服务等）有机结合，构建"一人多诉""多人同诉""持续热点"等多类预警模型，健全城市运行安全风险预警体系。实现市民诉求的重点、难点、急点事件的快速高效发现，并构建快速响应提醒的机制，提升解决问题的效能，提高群众满意度，进一步提升预警处置的效能，更好地为社会、政府部门、企业服务，更好地为决策者和决策部门提供预警处置、规划建设和宏观调控的数据支撑与辅助决策依据，如图2-4所示。

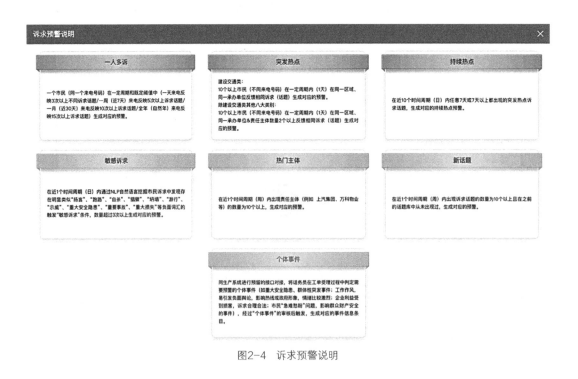

图2-4 诉求预警说明

（二）建设城市运行风险预警监测平台

通过汇聚海量工单数据和预警体系结果数据、处置部门预警结果数据等，建设城市运行风险预警监测平台，强化基于海量热线数据的城市预警体系的智慧化应用，努力实现市民重难点问题的预报预警、下级部门处置过程的有效监督，真正发挥12345热线作为民情民意的"晴雨表"、市民诉求的"感受器"的价值，如图2-5所示。

上海市12345城市运行市民感知平台通过引入大数据、人工智能等技术，紧跟新兴数字化发展需要，基于对海量服务受理数据、市政服务业务知识、城市运行感知指标等信息的汇聚，构建标签体系、多维分析平台、城市运行预警监测平台等，实现趋势智能预判、态势全面感知、隐患及时发现，真正成为政府感知公众需求和城市运行的"传感器"，为城市治理更加科学、精细、智能提供有力支撑，实现数字化支撑的城市治理运营新动能。下一步，上海市将继续依托"人民城市人民建"的理念，以海量市民诉求为出发点，加快推进热线感知平台的建设，着力在新技术应用、标签价值应用、民意诉求深度挖掘和政府部门政策辅助等方面取得新成效，努力为超大城市治理贡献上海智慧和一流经验，不断增强人民群众的获得感、幸福感、安全感。

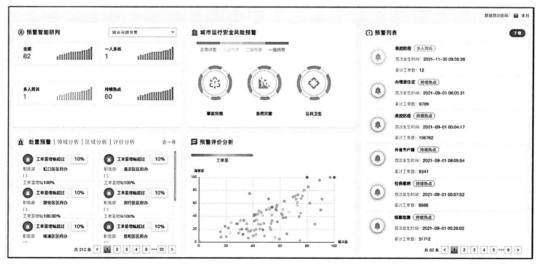

图2-5　风险预警监测

第二节　杨浦区打造热线大数据感知和智能算法平台

民有所呼，我有所应，12345热线正是"民有所呼"的重要窗口，也是"我有所应"的重要渠道。目前，杨浦区每年热线工单量已经接近7万条，平均每天将近200条工单需要处理，热线已经成为城市感知的触手和反映社会民意的"晴雨表"。为了更好地服务老百姓、感受老百姓的民意诉求、真正解决老百姓日常生活中的问题，上海市杨浦区打造了12345热线智能感知平台，通过大数据分析应用，精准感知、智能认知、高效处置市民群众的急难愁盼问题。

作为城市治理的重要组成部分之一，12345热线智能感知平台以热线海量工单数据为基础，运用大数据分析手段和智能算法对工单诉求进行深度的挖掘，构建热线业务体系及热线感知大屏，不仅满足管理者对于城市治理的感知分析、决策处置的需求，提升热线处置效能，同时还能传递民生，成为城市的"传感器"、民意的"晴雨表"、治理的"红绿灯"以及决策的"指南针"，不断强化杨浦区城市治理能力。

一、主要做法

（一）生产系统赋能

1. 派单赋能：工单自动分类分拨，实现秒级派单

通过已有分类体系和智能算法的深度结合，构建工单智能分类分拨算法模型，实现热线工单的自动派遣，将派单时间由"分钟级"缩减为"秒级"，派单稳定性高，大幅缩减了派单时间和人工操作时间，大幅提升了分类效率；截至目前，自动派单的

准确率达到80%~85%，退单率在15%~20%之间（接近人工派单退单率）。同时，基于评价模型构建典型案例库，通过对比新生成的工单与典型案例库中的工单的相似度，智能推荐相似案例，改变以往处置靠人工经验的做法，辅助处置部门决策处置、赋能基层处置人员，如图2-6所示。

2. 处置赋能：智能推荐工单情报，赋能基层处置人员

通过丰富原有工单处置的信息参考维度，提升处置部门和处置人员的工单处理能力，原有工单仅依靠原始工单信息和电话联系了解市民诉求，而工单情报推荐则将工单的话题、情感、责任主体、相似案例等内容一同派发给处置部门，大幅扩展了处置人员的信息参考维度，为基层人员的针对性、精准性处置提供了更多可能，如图2-7所示。

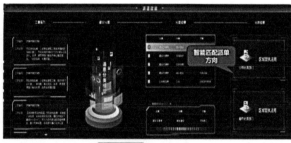
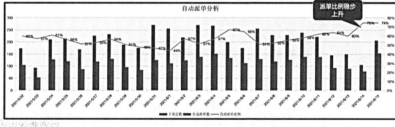

图2-6 派单

图2-7 处置

3. 分析赋能：自动生成热点话题分析报告，赋能管理单位

基于标准化分析报告模板，针对周期内热点话题，实现自动生成报告的功能，通过基于话题事项的多维分析，自动呈现工单统计、满意度等数据指标，为管理部门的专项分析、专项处置等提供辅助支撑，同时满足业务管理部门日常报告报表需求，如图2-8所示。

4. 考评赋能：综合分析处置单位办结情况，辅助考评

针对街道、大工单部门、小工单部门构建感受指数考核分析，基于先行联系率、实际解决率、市民满意度、重复投诉率、按时办结率这5项指标构建综合考核体系，进行排名及同比分析，反映部门工作中的问题，提高部门管理工作的针对性，有利于进一步提高杨浦区热线工作水平，并通过指数变化分析、趋势分析，综合呈现各部门的考核情况变化趋势，如图2-9所示。

5. 预警赋能：联动热线生产系统，全生命周期管理预警工单

针对系统算法自动产生的预警工单（如突发热点、群体高发、重复投诉等）生成特殊预警状态推送生产系统，热线生产系统收到预警状态后予以相应的反馈处理，可跟踪预警工单的实时状态，设定预警的生成及解除规则，可自行定义预警的各项标准，进行预警的全生命周期管理，管控预警的生成与解除，如图2-10所示。

（二）实战感知大屏

建设热线感知大屏，实现一屏观杨浦。通过汇聚热线基础数据和挖掘分析结果，

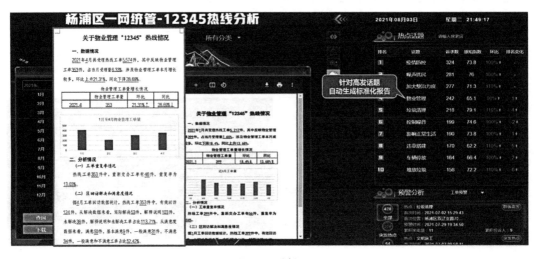

图2-8 分析

第二章 数字时代的数字化转型新趋势

图2-9 考评

排名	街镇	诉求数	先行联系率	实际解决率	市民满意度	重复投诉率	按时办结率	五项指标综合分	同比
1	新江湾城街道	117	93.3%	93.3%	93.3%	21.2%	93.3%	98	1.3% ↑
2	江浦路街道	92	89.1%	89.1%	89.1%	19.1%	89.1%	98	2.1% ↓
3	长白新村街道	83	90.5%	90.5%	90.5%	10.5%	90.5%	97	1.8% ↑
4	四平路街道	67	89.2%	89.2%	89.2%	9.2%	89.2%	97	3.8% ↓
5	殷行街道	54	91.3%	91.3%	91.3%	9.3%	91.3%	96	5.2% ↑
6	平凉路街道	117	93.3%	93.3%	93.3%	9.3%	93.3%	96	1.3% ↑
7	五角场街道	92	89.1%	89.1%	89.1%	8.1%	89.1%	95	2.1% ↓
8	控江路街道	83	90.5%	90.5%	90.5%	8.5%	90.5%	94	1.8% ↑
9	延吉新村街道	67	89.2%	89.2%	89.2%	8.2%	89.2%	94	3.8% ↓
10	长海路街道	54	87.3%	87.3%	87.3%	8.3%	87.3%	94	5.2% ↑
11	定海路街道	83	87.1%	87.1%	87.1%	8.1%	87.1%	93	1.8% ↑
12	大桥街道	67	87.1%	87.1%	87.1%	8.1%	87.1%	93	3.8% ↓

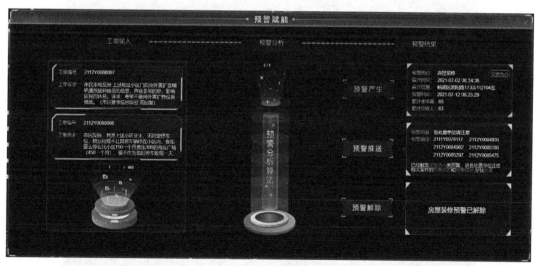

图2-10 预警

构建览民情、聚民意、晓民生三大板块，通过数据与三维场景的联动，从市民诉求分析、处置能效、热词分析、热点话题、预警分析、指数分析等各个维度，针对12345热线诉求进行综合分析与呈现，全面综合地感知杨浦区城市治理的实时状态，如图2-11所示。

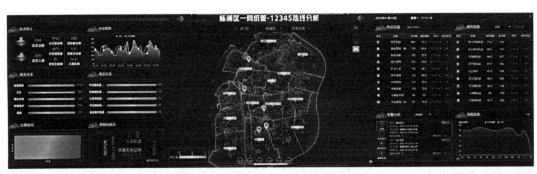

图2-11 杨浦区一网统管-12345热线分析大屏

1. 览民情：围绕人、地、事、物、情等基本要素，多角度分析市民诉求，全局感知民情态势

基于每日的市民热线数据，以人、地、事、物、情基本要素对诉求进行多维度分析，基于诉求概况、诉求趋势、高发诉求、高发区域、处置能效、智能热频词，全方位多层次感知市民诉求的宏观态势，如图2-12所示。

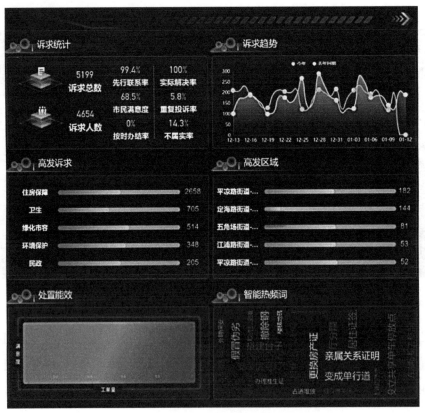

图2-12 诉求统计分析

2. 聚民意：结合自然语言处理技术对诉求进行深度内容挖掘，并对话题、责任主体等进行综合分析，汇聚高发问题、重点问题

通过调用AI中台引擎的自然语言处理这一人工智能手段，感知工单数据中蕴含的市民诉求。通过语义分析和情感分析，从认知的角度进一步深入认识热点和关联问题。构建话题预警模型，聚焦"久而未决""群体高发""敏感诉求"等多类场景的重难点话题。构建话题关联分析模型，探求不同话题间的因果、递进、并列、话题及处置措施、话题及投诉对象等关联关系，从被动处置到主动发现潜在问题，从单一地解决一个人问题到解决一类人的问题。构建话题情感分析模型，了解话题的情感倾向分析，后续将进一步结合政策数据探求市民对政策发布前后的情感变化。基于"高效处置一件事"这一准则，对历史的工单办结报告信息进行挖掘分析，基于回访市民的满意度及解决率，针对不同的话题给出市民满意认可度及解决率最高的处置措施方案，推送给各个板块的业务部门。针对紧急工单，实时调用事件周边的资源、网格力量进行高效处置，如图2-13所示。

3. 晓民声：构建感受指数模型，结合情感分析，监测、洞察市民诉求变化状态

基于工单的先行联系率、按时办结率、实际解决率、市民满意率、重复投诉率这些影响市民感受情况的指标，构建热线感受指数，全方位知晓市民对热线的感知情况，通过叠加展示同比及环比感受指数趋势情况，督促多方共同努力，提升人民群众满意度，如图2-14所示。

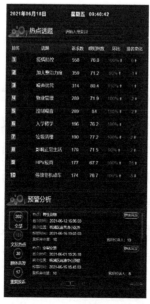

图2-13 话题分析

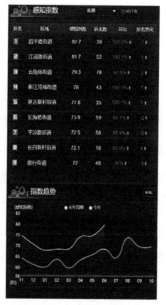

图2-14 指数分析

（三）街镇业务协同

区级12345热线智能感知系统下沉街镇，实现与街镇分平台的联勤联动、业务协同。各个街镇可通过热线智能感知系统实时感知本区域的热线诉求、诉求处置和处置分析等各项分析数据，各街镇可通过热线智能感知平台直观感知本区域的热线工单"五大指标"实时情况，并能够根据诉求感知和处置分析相关指标快速知晓本街镇在热线工作上的不足，倒逼工作方式变革，达到自我监督、自我提升的效果；其次，热线智能感知系统向街镇赋能后，能够激发街镇的主观能动性，引导街镇对本地工单处置的不足之处进行自我思考，并对工作方式进行自我改进，对杨浦区而言，不必等到街镇工单办理问题已经呈现扩大状态才进行批评和整改，而是可以通过与街镇的业务协同实现源头治理。区级和街镇数据的共享和赋能，不仅打破了两者之间的工单信息联通障碍，更加提高了杨浦区热线整体办理水平。

二、场景创新

（一）人工智能辅助热线自动派单，打破热线人工派单传统模式

上海市12345市民服务热线电话自2013年正式运行以来，一直通过人工方式进行接线、受理、派遣、处置、回访等。随着市民热线越来越深入人心，热线工单量也随之大量增加，目前，杨浦区每年热线工单量已经接近7万条，平均每天有将近200条工单需要处理。基于此，如何让人工智能技术与工单处理环节相结合就成为一个亟待破解的难题。

通过对一线人员的工作调研，发现热线在派遣环节经过人工对工单分类、分拨时非常依赖坐席员的阅历和经验，容易分类错误或派错处置单位，不仅耗时，还容易引起后续退单推诿等问题。因此，杨浦区利用人工智能技术在派单环节实现自动派单功能，打破了12345热线自运行以来一成不变的人工派单模式，这是杨浦区在探索精细化城市治理、提升市民满意度上的又一次创新，如图2-15所示。

通过对"话题模型""分类模型""分拨模型"的开发和训练，完成"案件简介""案件大小子类""处置部门"信息获取，再通过技术封装完成信息的自动填入，最终实现自动派单功能。

自动化派单功能有如下优点：一是实现秒级派遣，将人工分钟级派单缩减为秒

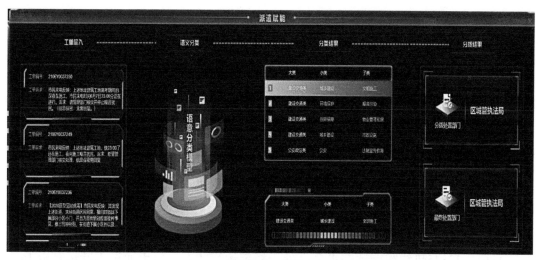

图2-15 派遣

级,派单效率和数量大幅提升;二是代替人工,释放人力资源到更需要关注的工作上,每日将近200条工单经过自动派单后剩余60条左右工单需人工处理,可以在派单环节帮助减少2/3人力;三是不受个人情绪和经验等因素影响,派单更加稳定,准确度得到保证。

该功能自上线以来,共完成24033次自动派单动作,进入自动派单模型后的派单率达到80%,实现了热线工单信息技术化的一次跨越。

(二)打造热线感知平台,大幅提升热线数据分析管理水平

在一个个市民诉求处置完成后,如何站在全区的角度综合分析这些诉求背后的深层次原因以及宏观感知整体诉求态势等成为管理者关注的重点。传统的分析手段主要是借助Excel表格等传统工具,通过从海量工单数据中得到一些基础的分析结果,不仅耗费人力、效率较低,而且分析的结果维度较少、难以满足管理者的需求。

杨浦区通过引入大数据分析手段,在传统分析结果的基础上,通过算法挖掘市民诉求,加强热线数据的分析深度和广度,并借助可视化的方式进行直观全面的呈现,打造热线感知平台。感知平台通过三维热力沙盘的形式全面呈现市民诉求的地域分布特征,代替了传统的表格呈现方式,更加直观和全面;通过多元化的可视化图表直观呈现市民的高发诉求,发现本区近期的关键问题,同时代替人工智能化生成报表报告,辅助管理者进行深度分析;另外,构建深度分析模型,在海量数据的基础上,构建诉求与诉求、诉求与责任主体之间的关系,找到市民诉求背后的根本性问题,辅助

诉求的集中性、根本性处置。热线感知平台的建设,以大数据分析代替了传统的数据分析手段,对热线价值进行了深度的挖掘,大幅加强了管理者的决策分析能力。

三、结语

杨浦区12345热线智能感知平台上线是践行人民城市重要理念的体现,围绕精细化治理,依托数据挖掘与赋能,强化风险研判与处置能力,健全预警监测体系,加强业务流程再造。通过整合资源、协调联动,快速响应解答市民咨询类问题,及时有效地解决市民投诉请求,不断提升服务质量和市民群众满意度。

目前,12345热线智能感知平台已处于稳定运行状态,每天通过不断运算近万条数据进行城市治理问题的发现、态势的感知、预警的监测,打造了为业务人员、广大人民群众服务的技术平台;同时也通过主动地发现和挖掘问题,减少了市民的被动投诉,实现了市民与政府的良性互动。后期城运平台会不断完善热线感知体系,建立各级部门、各级街镇间的数据共享、互通机制,不断提升城运平台的城市治理发现能力、基层单位的城市治理处置能力,完善12345热线的城市治理机制,继续提升12345热线感知平台在城市治理中的价值。

第三节 浦东城管点线面三维布局，构建数字化立体街区治理体系

按照翁祖亮书记调研时关于城管智能化提升"五个强化"的指示要求，以"高效处置一件事"、提升线上线下协同的街区精细管理品质为出发点，聚焦浦东街区市容环境秩序管理特点和趋势，上海市浦东城管通过微平台建设、智能车巡探索、街面场景开发，以点、线、面三个维度，逐步构建浦东街区精细化、立体化、全方位治理体系。

一、点：乱点管理趋零化，破解街区治理顽症难点

大数据分析甄选初始乱点，向顽症难点亮剑。上海市浦东新区执法局对城运中心诉件数据、历史检查数据和日常巡查整治工作数据进行碰撞分析，梳理出最可能发生街面秩序类违法违规行为的647个点位，将其作为初始乱点，加装智能探头，开展重点监管工作。

深度学习优化智能监管，全天候多要素对乱点盯梢。执法局指导新区所有街镇（管委会）城管中队安装智能视频感知设备，写入智能算法，实现对全区647个乱点点位的全天候智能监管和视频轮巡。在监管实践中开展深度学习，拓宽智能监管要素种类，提升结果判定准确率，对跨门经营、乱设摊、非机动车乱停放等15个智能监管要素实现精准智能发现，让乱点上的违法行为无所遁形。

扁平高效处置告警工单，闭环流程实现有始有终有反馈。执法局打造由前端智能发现、数据中台甄别审核和执法通手机App在线反馈组成的告警工单处置流程，明确

每个节点的处置要求和时限，建立超时件跟踪督办机制，对每个告警实施闭环管理。同时引入IP电话联系当事人整改违法行为、智能算法自动辨别自动闭环的简化流程，提升平台监管实效和基层队员"用户黏度"。

城运协同自动调整乱点，有序衔接乱点治理与常态化监管。一是对符合乱点判定条件的点位，自动审核发现；二是通过数据分析对销项申请进行评估，将不达标乱点纳入返潮点位继续监管；三是将符合销项条件的乱点自动转入达标销项数据库；四是将"非城管处置类"事项移送至相关管理、作业单位进行处置。通过四项协同功能，与区城运中心加强数据共享和错位互补，将微平台聚焦到乱点管理上来，做到乱点治理与常态化监管的有序衔接。

科学开展乱点趋零街镇创建活动，整体提升街面环境品质。新区正在开展乱点趋零街镇创建活动，计划通过两年时间，实现城市管理领域乱点趋零化目标。目前，647个乱点已销项353个，陆家嘴、花木等18个街镇已成为浦东首批城市管理乱点趋零街镇。到年底，乱点趋零街镇创建率将达40%以上。通过开展创建活动，引导街镇以微平台应用为要，综合施策，整体提升街面环境品质。

二、线：车巡管理智能化，描绘街区治理智慧动线

开发车巡管理应用场景，实现车巡管理精细化、科学化、智能化。车巡管理应用场景通过对巡查网格、巡查路线、巡查车辆和巡查任务的线上智能监管，提升车巡功效。一是网格划分精细化。执法局依据沿街商户数量、路网分布情况和区位差异，将新区划分为20个网格，每个网格安排一辆巡查车，开展全覆盖车巡。二是路线设定科学化。根据巡查要求，结合沿街商户分布、交通动线特点和实际，在每个网格研究设定最科学的3至10条巡查动线，每条动线长约15千米。三是任务派发智能化。将网格、路线、车辆和驾驶员信息全部录入平台，开发随机搭配序列模型，由电脑自动生成一一对应的检查任务，一键下发至巡查车辆驾驶员执行。

首创移动侦查在街区治理中的应用，实现街区智慧治理全面治理。智能车巡的首要目的是依托车载智能探头开展移动侦查，实现街区监管要素的实时、动态、智能发现，其意义在于实现单个物联感知设备覆盖的监管对象数量的算术级增长。智能车巡将物联感知设备移动化，利用速度参量增加监管对象数量，最终实现用有限的物联感知设备覆盖全部监管对象的管理目标。

执法局向社会广发英雄帖，招募技术实力强的科技公司驻场，历经184天的艰苦攻关，利用每辆巡查车上安装的8个全景智能摄像头，采用视频甄别和图像对比分析技术，实现对各类违法行为的实时侦查发现。打造跨门经营、乱设摊等15个街区治理智能监管闭环流程；首创以执法局名义组建车队开展巡查、指挥中心审核派单、街镇中队处置，处置结果与监管对象风险等级和监管频次相关联的系统化管理机制。目前，已立案查处违法行为54起，责令改正违法行为1925起，上调监管对象风险等级535次。

多措并举规范驾驶行为，确保车巡执法公正严格。一是在沿街商户集中的路段限速20公里每小时，对车辆超速、偏离路线进行告警，并与驾驶员的考核相关联。二是制定请示报告制度和保密制度。驾驶员因客观原因需要临时偏离路线，应当征得局指挥中心同意。对每天系统随机分配的巡查动线，要严格保密，泄密的严肃追责。

拓展智能车巡两大功能，街面执法和效能评价事半功倍。一是打造智能车巡非现场执法流程。对告警图片反映违法事实清楚、证据充分，沿街商户信息齐全完善、违法主体认定明确的违法行为，不经过执法队员与当事人的直接接触，在线生成罚单，开展非现场执法。非现场执法转变传统执法方式，以非诉执行为保障，以当事人线上缴款为主要案件执行方式，提升执法理念。二是重建街面秩序治理现状和水平评价体系。转变传统评价机制，开发浦东新区街镇街面秩序管理评价指数计算模型。通过对智能车巡实战中产生的商户总量、业态分布、问题发现、处置结果等数据进行分析计算，智能生成该地区街面秩序管理评价指数，形成各街镇街面秩序进步指数排名，真实、客观、科学反映浦东街镇街面秩序治理现状。

三、面：颜色管理差别化，构建街区治理基础平面

建设沿街商户数据库，为街区治理奠定坚实基础。执法局通过沿街商户数据排摸专项行动和日常动态维护相结合的方式，建设包含沿街商户名称、地址、照片、法定代表人身份信息等20个字段共计49020家沿街商户在内的数据库。将位于街道两侧的，依据相关法律法规需要城管执法部门开展街面秩序类执法检查的企业、个体工商户和无证经营商户全部纳入数据库开展线上监管，为街区治理奠定坚实基础。

开展"颜色管理"，实现街区治理全覆盖。一是管理对象差别化。依据商户的不同业态、历史违法记录和被投诉记录，确定高中低三种不同风险等级，依次标注为红

黄绿三种不同颜色，并根据商户近期守法情况动态调整。二是检查频次差别化。风险等级越高的商户，检查频次越高。具体为"红色商户每日查、黄色商户每周查、绿色商户每月查"。目前，已累计开展日常检查130174次、专项检查1036次，发现问题9572起，责令改正9270起，立案查处302起。三是问题处置闭环化。将人巡发现、车巡发现和督查发现的各类问题派单至队员执法通App进行处置，并建立闭环流程和超时工单督办机制。通过"颜色管理"，将珍贵、有限的管理资源尽可能匹配到突出问题和主要矛盾上去，并及时化解矛盾问题，实现街区治理在时间和空间上的全覆盖。

美丽街区，心向往之。执法局将人民群众对和谐美好街面秩序的向往作为街区治理目标，完善微平台的"点"、车巡管理的"线"和颜色管理的"面"，进一步迭代升级街区治理体系，由智能街区向智慧街区迈进！

第四节　杭州小河街道探索有温度的基层社会数字治理模式

杭州市拱墅区小河街道位于京杭大运河南端，是典型的城区老街道。按照推进城市治理体系和治理能力现代化①的要求，自2017年起，小河街道尝试将数字技术与多元共治相结合，探索实践了"城市眼·云共治·小河网驿"基层社会数字治理模式，努力形成线上线下融合、多元主体共建共治共享的格局，让基层社会数字治理更有温度。

一、"城市眼·云共治"城市管理新模式的探索

随着城市的发展，和全国大多数街道一样，如何提高城市管理科学化、精细化水平，成为摆在小河街道面前一道绕不开的课题。因此，小河社会数字治理的尝试首先从城市管理领域开始。

（一）模式运行的基点：让城市管理成本低于违规成本

城市管理之所以难，有些城市管理问题之所以被称为顽疾，关键在于城市管理的成本长期高于被管理主体的违规成本，或事件发生成本。主要原因有三：一是"管不过来"的发现成本。城市管理问题随时随地随机发生，管理力量有限、时间有限、资

---

① 2013年11月，中国共产党第十八届中央委员会第三次全体会议在北京召开，会议通过了《中共中央关于全面深化改革若干重大问题的决定》，决定中提出"全面深化改革的总目标是完善和发展中国特色社会主义制度，推进国家治理体系和治理能力现代化"。2020年10月，习近平在深圳经济特区建立40周年大会上说，要树立全周期管理意识，加快推动城市治理体系和治理能力现代化，努力走出一条符合超大型城市特点和规律的治理新路子。

源有限，量大且第一时间发现难，造成了"想管，但管不过来"的情况，日常管理中也产生了"见怪不怪、习以为常，多一事不如少一事"的现象。二是"管不住"的监管成本。城管问题通常存在屡管屡犯、屡禁不止的反复性。如街道2个城管执法队员1台车，管一个出店经营，少则10分钟，多则半小时，好不容易商家收进去了，车一走，1分钟之内可能又会摆出来。三是"管不了"的执法成本。日常管理中，常会存在与商家和摊贩对违规事实的争议，容易产生对抗和冲突以及取证难等问题。同时，也会被质疑存在选择性执法等问题。

2017年下半年，小河街道与中电海康合作，尝试构建"城市眼·云共治"模式，利用现有城市监控探头资源，运用全球领先的AI行为识别技术，对城市管理中的违规行为进行有效识别，并通过基层多元共治方式形成闭环管理，力求城市管理成本低于违规成本。其逻辑框架如图2-16所示：

"城市眼"，即：整合公安、城管、综治和社会面现有监控探头以及其他各类前端感知设备采集大数据，使之成为24小时工作、实时发现和记录各类问题的城市眼睛。

"云"，即：运用AI行为识别技术，对城市管理中常见的废弃垃圾、出店经营、游商经营、沿街晾晒、机动车违停、非机动车乱停、违规广告等不规范行为进行有效识别。

"共治"，即：探索由社区、物业、业委会、商家、房东、行政执法力量共同参

图2-16 "城市眼·云共治"逻辑框架图

第二章 数字时代的数字化转型新趋势

与城市管理的"街域自治"管理模式,形成治理闭环。

在此组织框架基础上,再造运行流程、工作闭环,以"出店经营"为例,该流程为以下步骤,如图2-17所示:

第一步:"城市眼"发现问题。通过原有摄像头对城市重点区域采集的数据进行AI分析,全天候抓取违规事件。同时,注明事件门类,标注违规区域,固定事件证据。解决随机性事件的及时发现问题,降低了事件发现成本。

第二步:事件直接推送至网格员手机App。违规事件实时告警图片第一时间推送至网格员(片区城管执法队员、社区城管副主任),让一线人员第一时间得到第一手事件信息,改变事件传递至指挥中心后人工操作、层层派发的流程,降低了行政运行成本。

第三步:构建网上共治微网格。以街域为单位建立由社区、商家、业委会、物业和执法单位组成的微网格(共治微信群),由网格员将问题图片信息发至相应微信群,并@相应商家,公开告知并监督整改。解决一对一的行政执法状态,形成相互制约、监督的公开透明的共治环境,降低了协调沟通成本。

第四步:由商家自行整改。在群内@商家自行整改时,首先是一种善意的提醒,而不是行政强制,从心理学态度效应来看,商家一般会有一个善意的反馈,而这一反

图2-17 "城市眼·云共治"运行机制流程图

馈就是自行纠正违规问题。同时，在劝导教育该商家时，也对其他商家起到提醒及警示作用，逐步促成商家自律，降低了监管整改成本。

第五步：由社区、物业监督整改。当商家未自行整改时，由社区、物业等相关人员在群内再次提醒督促商家及时整改。社区、物业人员只需在办公室简单动动手指，十几秒就可以完成一次有效监督，解决各方原本因监督难度选择视而不见的监督缺失问题，降低了共治各方参与监督成本。

第六步：行政执法保障。当经网格员和社区工作人员等两次劝导后，违规商家仍未整改时，则由城管执法队员上门进行依法依规处理。因有了两次劝导，此时已极大缓解了商家的对立情绪，回归了行政执法的本意，达到服务社会的作用，降低了城管执法过程的对抗性。

其他废弃垃圾、非机动车乱停等事件也相应建立了不同主体构建的网上共治群，并形成处置闭环。通过流程再造，小河街道有效降低了城市管理局部领域的管理成本问题。

（二）数据赋能的价值：变传统思维为数据思维

"城市眼·云共治"城市管理模式运转以来，小河街道深切从数字的变化感受到了管理的变化，开始有意识尝试"用数据决策、用数据管理、用数据服务"。

1. 3514∶176325

变"人工搜索"为"智能采集"，2018年8月"城市眼·云共治"正式运行以来至2019年8月，城管事件人工采集数3514件，而"城市眼·云共治"案卷采集数却高达176325件。小河街道目前已基本实现视频监控高清化覆盖，陆续选择了277个探头点位接入"城市眼·云共治"系统，虽还存在一些重复抓拍、识别误差、探头覆盖面不够等问题，但数据采集数量提升50倍，仍让小河街道感受到了问题发现的及时性、高效性和全面性。

"城市眼·云共治"系统经过150余万次样本场景的模拟训练，当前端探头抓拍到与这些模拟场景相违背的情况，系统就会自动识别。目前，该系统实现了对城市管理中最为常见的废弃垃圾、出店经营、游商经营、沿街晾晒、机动车违停等不规范行为的有效识别，不仅速度快，且准确率高达95%以上，如图2-18所示。

2. 1708∶449；1123∶90

系统变"事后处理"为"实时处置"。自"城市眼·云共治"运行以来，城管执

图2-18 八大类问题识别图

法队员在接到系统推送的告警信息后,平均15分钟内即可赶到现场,而此时例如游动商贩的移动摊位一般还未搭好。实时高效的处置间接降低了违规事件发生数,以"出店经营""游商经营"两组数据为例:2018年8月"城市眼·云共治"启用初始,小河街道出店经营事件探头抓取数为1708起,而2019年8月抓取数为449起,下降幅度约为74%;游商经营发现数量从2018年8月的1123起下降至2019年8月的90起,下降幅度高达92%。

"智能"的本质就是一种"主动服务",变事后为实时。传统的城市管理主要依靠电话等语音方式进行信息传达,导致对事件的处置情况、处置结果无法进行有效跟踪、考核,容易积累成为"难点"。

3. 1∶46;7∶2∶1

小河街道下辖的和美弄有46家沿街商家,而初期仅有1个探头可用于商家管理,1个探头如何管住46家商户?街道工作人员探索成立由社区、物业、业委会、商家、房东、行政执法六方人员组成的街域自管委员会,制定自治工作办法和商家自治公约,通过建立巡查、考核等机制,构建物业常态化管理、商家常态化自治、部门常态化执法的联动工作机制。

在和美弄,有家"蔬比得"蔬菜门店一直存在出店经营、垃圾乱堆等情况,后经了解,其老板李国付是一名党龄37年的老党员,当通过引导让其担任和美弄街区自管委理事职务后,商家自律意识明显增强,并主动添置垃圾桶。现在闲时,李老板也会主动监督周边商户,以同理心对存在违规经营的商家进行劝导。在自管委的牵头协调下,和美弄街域规划建设起智能充电桩、集中晾晒点、错峰卸货区等,解决了一批商家提出的实际困难,昔日的管理难点成了示范街。共治的力量让和美弄以1个探头的单薄数据力量解决了1条街的复杂问题。

目前,小河街道1436家沿街商户已100%建立一店一档,像李老板这样自觉参与到共治中的商户已有546家,商家自律初步形成。全街10个共治群,平均每周互动500余次,街道微信公众号每周曝光部分商家的违规行为,强化了社会舆论监管。目前,"出店经营"类事件已初步实现7分自治、2分管理、1分执法的效果。

4. 45%

系统对街道内不同片区、不同道路的违规事件,能实现同一时间、同一要素的多场景统计分析,并及时自动生成日报、周报、月报,分析数据历史态势,为城市管理提供数据支撑。据此形成的城市管理精准化决策机制,减少了路面巡查力量,增加了机动力量,有针对性安排巡查时段、片区及执法力量开展相关整治工作,从而实现精准执法。"城市眼·云共治"启用至今,路面巡查人员由原先的29人,减少到16人,人员精简了45%,巡查精简人员经重组,建立起专门的集中整治队伍。2020年3月以来,全街共组织专项整治行动310场次,涉及9个社区的30条主要道路,教育沿街店面商户4600余家次,整治问题1000余个。

二、基层"智"治的深化:打造有温度的社会数字治理

在城市管理领域取得一定成效后,小河街道逐步从城市管理向社会治理领域探索。面对更多元的问题,更多元的主体,更多元的应用,如何搭建基层社会数字治理平台成了绕不开的问题。

2019年开始,小河街道和海康威视花了1年多的时间,探讨基层社会治理框架构建的问题。最终给街道的平台作了三个定位:一是基层数据的汇聚平台;二是上级应用的承接平台;三是数字化改革成果的转化平台。

基于三个定位,小河街道以浙江省街道体制改革设定的机构为框架,对应街道党政办、党建办、区域发展办、公共管理办、公共服务办、平安建设办设定六大板块,由相应科室承接落地40余个应用场景,确保每一个问题和应用都能找到"对的人",

让数据由"有人看"变为"有人管""有人干",让街道机构改革①与数字化改革内在动因相衔接。

在社会治理中,小河街道也沿用和深化了"城市眼·云共治"的逻辑。城市眼,是多维度数据归集;云,是多种算法提取;共治,是多元主体参与。

在社会数字治理中,小河街道注重多元主体的参与,因此聚焦"科技支撑+民主协商"②,上线了"红茶议事会"③轻应用场景。主要分为四个步骤:

第一步:数据汇集形成问题建议库。通过居民信箱小程序(社情民意)、网络舆情抓取(社会舆情)、信访业务数据(平安建设)等多维度收集居民关心的问题,在"城市眼·云共治"平台汇集。截至目前,共汇集民意7580条,其中城管领域4595条。

第二步:智能提取热点。系统自动从采集到的数据中提取关键词,生成"红茶议事会"建议议题,推送给相应的科室和社区,由线上线下综合评估,确定议题。通过设置6大类421个民生"关键词",共提取生成建议议题459条。

第三步:召开线上线下相协同的"红茶议事会"。把科学议事规则引入线上协商流程,全流程全方位归集数据。通过发言、投票、评估等环节,最终达成会议共识,形成结构化会议模式,同步归集"红茶议事员"数据,运行以来,"议事员"从200余人上升至1590人,增幅达到695%,平均年龄从65.08岁降低至45.58岁。其中,包含两代表一委员、专业人士代表、社会组织代表等群体,议事主体更多元。

第四步:成果应用。设置"跟踪评价"模块,将会议举措推送至街道科室、社区具体负责人账号进行后续跟进,居民可实时监督反馈过程。同时,出台《小河街道红茶议事会基层协商议事规则》,对会议全流程进行规范化管理,加强条块协同,形成共治闭环。截至目前,共召开"红茶议事会"153场次,提出意见建议3160条,助力破解治理难题300余项。

在整个"红茶议事会"的应用实践中,小河街道从议事前、中、后维度构建起三大数字画像,让数字治理更有"烟火气",基层议事更有"智商",数字赋能更有

---

① 2018年10月23日,浙江省委、省政府召开全省机构改革动员大会,对推进机构改革作了动员部署,标志着浙江省机构改革进入全面实施阶段。
② 2019年10月,中国共产党第十九届中央委员会第四次全体会议在北京召开,全会最重要的成果就是审议通过《中共中央关于坚持和完善中国特色社会主义制度、推进国家治理体系和治理能力现代化若干重大问题的决定》,决定中提出"社会治理是国家治理的重要方面。必须加强和创新社会治理,完善党委领导、政府负责、民主协商、社会协同、公众参与、法治保障、科技支撑的社会治理体系,建设人人有责、人人尽责、人人享有的社会治理共同体,确保人民安居乐业、社会安定有序,建设更高水平的平安中国。"
③ 红茶议事会:在党组织的领导下,创新运用促动技术,引导群众围绕主题共商共议、达成共识、促进共行的结构化会议。通过"大家来商量",实现民主促民生。

"情商"。

一是以数字画"民意"之像。通过多维度数据的提取、归集、分析，形成基层治理即时性问题库。动态掌握辖区范围内各类问题，在矛盾发生前进行预警预判、提前介入，避免小问题变顽症。同时，由于所议之事都是居民真正关心、需要迫切解决的实际问题，避免了议事走向形式化。

二是以数字画"议事员"之像。通过线上会议，解决年轻人有想法没时间、或没有合适途径参与议事的困境，扩大参与面。同时，通过对"红茶议事员"个人信息、参会主题、发表建议、评论记录、投票记录等数据的汇集和综合分析，了解其关心事项、专长偏好、评估议事能力，形成个人画像，当再次召开会议时，可与之有效匹配，选择让"合适"的人开"适合"的会。

三是以数字画"成果"之像。系统通过实时存储，让会议过程有记录、群众意见能汇集，减轻社区做会议记录、台账等的工作压力。同时，可提取规律性、共性的意见建议，梳理群众意见诉求，生成辖区"民意报告"，为基层治理提供依据，让会议有"记忆"，让成果会"思考"。

小河街道认为，数字化改革最终是为人服务的，所以小河街道更加注重数字治理的温度。

三、实践探索的所思：让科技支撑与基层共治相融

从社会发展趋势来看，数字技术与社会治理的融合是大势所趋，也必定大有可为。

（一）以高科技为支撑，探索基层治理工作环节的"机器换人"，让处置更精准，实现基层减负增效

"城市眼·云共治"摄像头24小时工作，通过AI行为识别发现问题后，自动取证并派单给一线处置人员，解决了基层治理中存在的问题发现不及时、监管缺乏有效性和执法难度大等三大难题，实现了实时发现问题、精准高效处置问题，为基层减负增效。同时，鉴于数据的无限性，小河街道深感要对数据进行分类运用：第一类是"看的"，即显性数据应用，主要用于实时案件处置，提高执法及时性和精准性；第二类是"算"的，即隐性数据应用，主要是根据数据的变化，经分析后用于提升集中整治针对性和有效性；第三类是"用"的，即综合数据应用，主要用于态势分析，从而科

学评估城市秩序状态。

（二）以"互联网+"为平台，建构线上线下联动的新型治理网格，调动参与共治的内生动力

构筑科学的基层治理体系，必须发挥科学技术在其中的支撑作用，但更核心的是通过科学技术发现的这些问题能够寻求到群众参与的共治路径。"城市眼·云共治"通过在微网格上建立"网上共治生态圈"，一方面为街域违法行为提供了客观的事实证据，另一方面也调动了参与各方的内生动力，解决了从"他治"向"自治"转化的问题。通过相关数据分析，明确问题出现的重点时段重点区域，自动生成"红茶议事会"的民主协商选题，各参与主体通过民主协商发现问题、解决问题，节约民主协商成本，提高民主协商效率。

（三）以机制创新为动力，深化从"城市管理"到"数字治理"领域探索

"城市眼·云共治"作为基层数字治理的逻辑构架依然可行，但须正视基层治理的多元性和复杂性，须正视数字治理与原有治理模式思维方式的差异。由此可延伸为："城市眼"多维度汇聚有效数据；"云"多维度提取有效数据；"共治"以数字思维再造协同治理流程。小河街道将基于"城市眼·云共治"的逻辑构架，搭建多维汇聚、多元应用、协同治理的基层数字治理枢纽平台，以街道体制改革设定的机构为框架，以"看的"（动态掌握）、"用的"（事件处置）、"算的"（决策参考）三个维度拓展数据应用场景，构建融科技支撑与民主协商为一体的、多元参与的基层数字治理"驾驶舱"。

说明：本节数据均截至2022年2月1日。

第五节　北京朝阳区基于市民投诉大数据推进基层治理数字化转型

"十四五"规划中明确提出"加快数字化发展",北京市朝阳区以接诉即办工作为抓手,结合多年的实践基础,特别是2021年以来不断深化科技赋能,在加快数字转型在民生领域、城市管理领域应用探索的基础上,变革性地重塑接诉即办数字化转型工作,重点放在围绕诉求衍生出的一系列数字化链条的延伸上,培育算法自动控制下的数字管理生态环境,突出数字引领作用,利用大数据、人工智能等创新技术,助力诉求预警、解决、分析、研判等功能,搭建城市管理领域智慧驾驶舱,获取诉求以及衍生的各类核心信息数据,构建诉求动态数据模型,并结合城市管理大数据,洞察管理短板,及时预警异常数据,有效降低处置风险及成本,帮助部门提质增效,并通过数字化转型反向促进政府内部体制机制变革,指挥调度升级、工作流程重构、人员队伍科学规划等,为城市管理的数字化转型的方向提供有益尝试。

一、多维的数据分析

一条AI主线贯穿接诉即办全时空。积极探索AI技术在朝阳区市民热线接诉即办系统运行中的应用,以AI智能分析服务方式支撑接诉即办系统各类子应用,通过深化全链条、全流程、全领域延伸的核心系统建设,完善双派遣、双督办、双考核的网格化城市管理系统升级工作,启动可追溯、可查询、全留痕的吹哨报到系统,打造全响应、全感知、全服务掌上平台等一系列系统,加强对热线反映诉求办理的全链条、全流程的实时动态监测及预警调度指挥，逐步实现诉求工单智能标签化、派单智能推荐化、回访智能一体化等功能，达到需求与供给高度契合，推动"接诉即办"效能不断提升。从六大维度深入落实数据分析。

一是时间维度。以日、月、年为单位，从时间点到时间段，实现统计周期全时点，并且直观展现。

二是行业维度。对各行业部门承办诉求进行归类分析，可实时掌握诉求办理情况。同时结合时间维度、行业部门维度凸显统计承办量高低，为领导决策提供数据依据。

三是地域维度。诉求发生地展示，根据现有诉求信息的地理信息实现全区诉求的地域动态展示，并进一步深入研究探索基于点位自动分析的大数据研究，特别是针对群租房、交通管理、游商问题等高发点位的自动化研究，通过智能算法系统自动判定生成诉求问题标记，建立朝阳区高发诉求分布点位数据模型，为重点问题精细化、智能化处置奠定基础，进一步提升接诉即办工作效率。

四是类别维度。实现49大类、424小类、2115细类的动态分析，实时展示。

五是主体维度。通过对大量基础数据的分析，AI人工智能进行智能抽取，多种展现方式及场景应用辅助预警及决策调度，将不同主体逐步纳入接诉即办体系。

2021年朝阳区共受理群众诉求76万余件，其中26%的诉求是能追溯到企业主体的，朝阳区把企业主体按行业分为物业企业（房管局）、教育机构（教委）、P2P企业（金融办）等等，逐步建立从行业角度督促企业主体处理问题的体制机制。"主体治理"思路实际是从诉求涉及的社会主体入手，依托大数据，在深入分析社会主体的基础上，通过职能部门加强行业监管，采取有针对性的措施，督促社会主体履行社会职责，抓住一类主体，解决一批诉求，并向"未诉先办"转变，实现多方合力共同扎实推进企业主体参与接诉即办，逐步构建完善共建共治共享的社会治理格局。开展物业企业试点，进一步探索物业类诉求多主体派单协同处置，逐步将社区、科室、物业公司、产权单位等全纳入其中。

同时，运用大数据、AI等技术手段，对诉求、诉求人及企业采取多视角分析，实现精准画像，促进诉求办理精细化、智能化。将详细的诉求人分析数据向街乡、部门及时推送，并实时展示，通过科技赋能助力"接诉即办"，更深入地挖掘诉求数据，智能提升"接诉即办"工作。

典型案例

从诉求数据分析中发现症结所在，物业管理类诉求已经成为朝阳区高发的重难点诉求，抓住主要矛盾，从诉求量居高不下的物业公司入手，开展物业小区主体治理试点工作。首开望京物业服务有限公司下设六个分公司负责朝阳辖区16个物业小区的物业管理服务，涉及朝阳区3个街乡，以该公司为试点，探索建立物业企业接诉即办工作体系，构建接诉即办评价激励机制，将评价结果作为物业小区管理人员绩效的重要参考。目前，在朝阳区接诉即办手机端为首开望京物业服务有限公司以及下设六个分公司开设端口，实时查看群众诉求受理和处置情况，及时为群众解决烦心事。通过一系列政府行为撬动企业内部提升变革，首开望京物业将老百姓诉求的解决率、满意率纳入公司内部考核，将诉求的解决率、满意率作为量化指标，形成公司内部的排名和竞争机制，激发员工工作动力，考核结果与物业公司工作人员，特别是物业公司经理的绩效奖金和提拔任用挂钩，对排名成绩不佳的物业公司经理任用进行调整。主动开展社会治理工作，办好办实96139企业服务热线，减少政府热线诉求数量，减少属地政府的工作压力，同时提升公司品牌形象，呈现出企业主动治理、提升服务的社会责任感。

六是行为维度。从区级批转、承办单位读取、处理痕迹，到最终办件人诉求挂钩，建立"办件人擂台"模块，将12345工单处理责任明确到人，形成奖惩机制，提升精细化管理水平，激发基层工作人员工作积极性，形成诉求办理行为的全轨迹留痕。

 典型案例

为实现精细化管理，核心系统初步上线办件人模块，将诉求与办件人直接挂钩，形成每一个诉求的办理评价。截至2021年1月14日，全区共3600名办件人，街道系统办件数量前三的为朝外杨××（186件）、六里屯刘××（158件）、大屯黄××（150件）；地区系统办件数量前三的为管庄赵×（205件）、金盏郝××（197件）、东坝张××（141件）；委办局及区属企业办件数量前三的为世奥公司周×（890件）、区教委白××（797件）、区市场监管局赵××（768件）。办件人数据的动态更新反映出一线工作的实时状态，也为科学量化的奖励、追责打下详实的数据基础。

二、量化的人工智能

不断优化和延伸各业务系统模块，深化接件、转派、响应、办理、审核、回访、督办、考评等环节的智能化水平，加快推进接诉即办大屏端可视化展示，多层级、多角度、多渠道为区级领导分析研判、统筹调度提供数据支撑，在群体性诉求抓取、被诉主体深度分析、来电人大数据研判等方面取得可喜进展。

（一）实现机器人100%推送

系统智能判定抓取，通过数字信息手段及时高效传导工作指令，一是对于群体性诉求等风险性苗头性诉求，自动给相关领导发送预警信息；二是对于工作中各环节进行过程把控，精准规范工作流程，比如剔除比例达到上限预警提醒；三是针对领导批示、部门办理反馈，系统自动推送告知，极大提高工作效率。

（二）逐步实现机器人自动化

2021年的76万余件诉求中50.6万为转派诉求，为满足大量诉求的精准、高效、自动受理和派单，以及多部门多层级的在线处置反馈的需求，实现人工智能运用，探索区级转派诉求的签收、派遣自动化机制。群众诉求表述多样，对于算法提出更大的挑战，目前，朝阳区级指挥中枢22%实现机器人自动化，并不断完善，努力提高自动化比例，实现更广范围的自动化覆盖。

（三）实现智能化全流程预警

以群体性诉求为突破口，建立突发及群体性事件处置预警模块，利用大数据技术理清脉络，针对群体性诉求采取分级分类、动态监测，第一时间形成智能化预警提示，大幅提升分析研判效率，以数据分析为基础，推动诉求处置前置，实现与处置部门的快速沟通响应，提升政府应对突发事件的反应速度和反应能力，形成快速响应、精准聚力、高效处置的"接诉即办"朝阳模式。

截至目前，机器人自动分析群体性诉求2891起，涉及诉求工单51823件。

典型案例

"全星时空"一日千诉
全链条全流程实时监测调度速化解
——12345朝阳分中心探索建立群体性诉求快速响应机制的生动实践

2021年7月2日以来，北京12345朝阳分中心陆续接到有关北京全星时空科技有限公司的群众诉求，其中，7月3日诉求猛增至862件，7月4日达到顶峰1565件，反映的主要内容为：消费者通过全星时空某平台入驻商户"朴灿烈吧"购买明星周边产品，至今一直未发货。7月2日经过朝阳分中心大数据监测，及时发现该群体性诉求，第一时间协调区市场监管局积极处理，并依托大数据平台的智能AI机器人对其进行了全流程追踪，并发挥指挥调度督办作用，7月5日诉求量骤降至326件，7月7日之后单日诉求量已降至1~2件，此次群体性舆情事件得到了快速平息，避免了更大规模的群体性诉求产生，实现了未诉先办，如图2-19所示。网民在微博中说"我上午十一点多打完12345电话，刚刚北京朝阳那边已经给我回电说开始处理了"。

一是实时监测，全链条全流程统筹调度指挥。12345朝阳分中心智能机器人监测到该群体性诉求之后，启动了群体性诉求快速响应调度机制，专线及线上线下对接市民、企业、处置部门、各级领导、北京市市民热线服务中心，形成智能化系统预警、

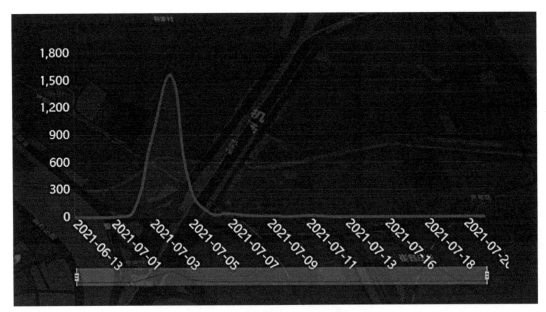

图2-19　分中心受理"全星时空"相关诉求量走势图

人工核准、内联对接、外联协调的实时联动的工作流程，并对该群体性诉求进行了全链条、全流程实时监测，发挥了区级统筹指挥、调度、协调作用，使诉求的处置更为高效周密，使此次舆情事件很快得到控制。如表2-1所示，为舆情案件新增工单情况。

舆情案件新增工单情况　　　　　　　　　　　　　　　表2-1

时间	新增工单数(件)	处置做法
2021年7月2日（周五）	42	机器人判定并升级为群体性诉求，分中心对区市场监管局进行督办
2021年7月3日（周六）	862	分中心进行二次督办，要求区市场监管局对所有工单第一时间逐一响应 粉丝团成员通过微博呼吁拨打12345投诉；区市场监管局对全星时空公司开展紧急核查，了解到全星时空某平台入驻商户"朴灿烈吧"实际负责人唐某某涉嫌挪用部分款项未向供货商支付，导致供货商拒绝发货；提交统一答复口径
2021年7月4日（周日）	1565	区领导在朝阳区"接诉即办"手机端群体性诉求模块批示：挪用资金属犯罪，公安要快速介入 区市场监管局约谈全星时空公司，提出7点要求，督促企业履行社会责任 粉丝团成员在微博正面发布朝阳区已在积极处理 全星时空公司通过平台官网发布关于"朴灿烈吧"未发货事件"追责到底的承诺"，并公布投诉专线电话
2021年7月5日（周一）	326	区市场监管局在官方微博上发布《关于北京全星时空科技有限公司"朴灿烈吧"未发货诉求的情况说明》 区市场监管局主要领导在朝阳区"接诉即办"手机端回复区领导：我局已将"全星时空"入驻商户"牟某"涉嫌犯罪线索移送朝阳公安分局
2021年7月6日（周二）	43	区市场监管局通过官方微博两次发布《关于"朴灿烈吧"事件进展的通报》
2021年7月7日（周三）	38	区市场监管局对涉案人员唐某某进行现场询问并记录 唐某某诈骗案移交朝阳公安分局受理
2021年7月8日（周四）	15	经过多方协商，涉事单位开始陆续发货
2021年7月9日（周五）	12	—
2021年7月10日（周六）	4	区市场监管局向市政务服务局和北京市市民服务热线提交关于全星时空"朴灿烈吧"未发货群体性诉求的情况补充说明

二是迅速行动，部门联动采取有力措施。一是行业部门督促企业积极履行社会责任。7月3日、4日，区市场监管局建外市场所对全星时空公司开展紧急核查和约谈工作，了解整个事件的背景、现状，如图2-20所示。此次事件涉及货款金额为726余万元，未发货情形涉及消费者人数37104人，如不能及时有效处置将产生更多的群体性

图2-20 区市场监管局建外市场所紧急约谈全星时空公司

诉求。区市场监管督促企业积极履行社会责任并提出7点要求,包括要求企业立即联系37104名消费者,安抚消费者情绪,避免事态进一步扩大;立即与供货商沟通,由公司现行补足相关费用和货款,并陆续开始发货;由公司组织律师团队起诉涉事经营者,最大限度保护消费者合法权益等。二是公安部门迅速介入调查。7月5日公安部门受理了区市场监管局提供的全星时空"朴灿烈吧"入驻商户"牟某"涉嫌犯罪的线索。7日,"朴灿烈吧"实际负责人唐某某被公安部门带走进一步调查。

三是广泛宣传,政企双方积极回应社会关切。7月2日,区市场监管局逐一对所有工单进行快速回应。"金额小的姐妹或者未成年人可以打电话去维权,010-12345,冲啊!"7月3日,粉丝团成员在微博呼吁拨打北京市市民热线,说明市民得到了回应并对政府有信心,在市民心里12345是能管事儿的热线。7月4日,在区市场监管局约谈全星时空公司以后,全星时空公司成立"灿吧事件"专项小组,通过平台官网发布公告,承诺"必将协同粉丝共同维权到底",并公布投诉专线电话,如图2-21所示。7月5日,区市场监管局将办理进展情况通过官方媒体发布《关于"朴灿烈吧"事件进展的通报》,将未发货的原因、处置进展通报市民,同时承诺市场监督局将监督全星时空公司尽快推进解决全部消费者的发货问题,如图2-22所示。此通报阅读人数75.6万,点赞1.2万,转发3768,评论1198。7月6日,区市场监管局又两次在微博上发布《关于"朴灿烈吧"事件进展的通报》,积极回应最新处置进展情况。

第二章 数字时代的数字化转型新趋势

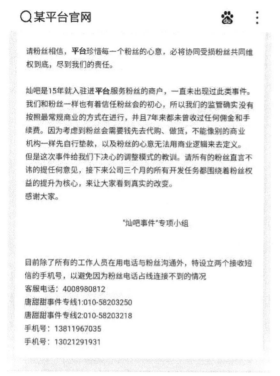

图2-21 全星时空公司官网发布公告

图2-22 区市场监管局在官方微博发布公告

此次群体性舆情事件的快速高效处置带来的经验启示主要用三个"快"来总结：一是快速响应。朝阳分中心依托大数据及AI人工智能，启动群体性诉求快速响应调度机制，发挥出区级统筹指挥、调度、协调作用，第一时间督办区市场监管局，要求其对每一个工单快速响应。二是快速处置。行业部门接到该群体性诉求立刻进入"备战"状态，约谈督促企业采取有效措施办理退货、退款事宜。三是快速宣传。全星时空公司和区市场监管局快速反应，在最短的时间内将积极帮助粉丝维权解决问题的态度和处置进展广而告之。三个快，安抚了消费者情绪，避免事态进一步扩大，实现了群体性诉求从接诉即办向未诉先办转变，展现出基层在处置突发群体性诉求上的治理水平的提升，使消费者感到安心又放心。

基于群体性诉求开展的工作和以上案例，可以看出，朝阳区指挥中心成为了一个社会感知中心，基于庞杂的、围绕现实社会方方面面的群众诉求以及衍生的各类信息、行为轨迹等，集结而形成了一个虚拟的数字化社会，通过研究算法规则，解析处理信息，智能探寻规律，自动产生应对措施等，进而对真实社会诉求的发生、处置、预警等产生积极影响。在全星时空案例中，数字化转型的一大优势就体现在快速、及

· 191 ·

时，以更少的人力实现更优的效率，体现在让所有的专业公司和街乡镇都能更精准地围绕老百姓的需要去解决问题，朝阳区在1800个诉求爆发的时候控制住了背后可能引发的30000个诉求的舆情风险，运用数字化智能分析，通过对网络虚拟世界的数据掌控能力节省了现实社会大量管理成本，真正治未病，解决了未诉风险，这抓住了数字化转型的核心，为政府的数字化转型作了很好的尝试。

三、实时的指尖决策

打造全响应、全感知、全服务掌上平台。充分发挥"接诉即办"手机端2.0作用，为区领导和各街乡主要领导、主管领导等不同层面抓实"接诉即办"工作提供服务。通过手机端2.0与朝阳区"接诉即办"核心系统信息共享，快捷高效地进行智能化案件处理、分析、统筹调度，在动态监测的基础上，实现实时查阅、研判诉求，区领导对群体性诉求直批直转，做到第一时间掌握、第一时间处置，推动市民群众"急难愁盼"问题进入"处置加速道"。

（一）动态知晓

在数字化转型中，通过知晓度这一衡量数据，对政府内部工作量化提级的优化进行展现。2021年朝阳区共接收工单761743件，区二级班子共浏览诉求437910件，诉求的知晓度达到57.49%，2021年下半年期间，夜间0～6点有304名正职领导利用微信公众号平台查阅了诉求。

数字化转型让政府部门间、各级领导间的信息实现了高速传导，精准双向回馈。既是对工作提升的强大助力，也是检验工作态度、量化工作绩效的手段，实现工作量、关注度的数字化、可视化。

（二）指尖批示

通过数字化转型，实现高位调度统筹指尖化，区级领导的日常工作流程通过信息化手段直批直转。多位区领导利用微信平台直接批示了诉求，其中，区委书记从6月份功能上线以来批示了574次，群体性诉求140件，不稳定诉求176件，单独诉求258件。

朝阳区接诉即办数字化转型探索最大的亮点在于朝阳大数据算法支撑下的社会治

理探索已经站到了城市治理现代化、数字化转型的前沿。从积累的大量鲜活的诉求数据中，深层挖掘接诉即办行为以及行为人模式，总结规律、升级算法，实现工作流程再造、处置规则重构、功能衍生扩展等，实现对各类主体行为、过程的全链条记录，构建管理效果的算法模型，实时动态的推送，辅助决策，不断丰富多元参与基层治理。

第六节　杭州钱塘区数字化改革街区全域智治应用系统

一、项目背景

2021年2月18日，农历新年后上班第一天，浙江省委召开全省数字化改革大会，全面部署数字化改革工作。时任浙江省委书记袁家军在会上强调，要认真贯彻落实习近平总书记关于全面深化改革和数字中国建设的重大部署，围绕忠实践行"八八战略"、奋力打造"重要窗口"主题主线，加快建设数字浙江，推进全省改革发展各项工作在新起点上实现新突破，为争创社会主义现代化先行省开好局、起好步。

杭州市钱塘区白杨街道辖区面积较大（56平方公里），辖区内有57.6万人（含高教师生23万），流动人口多（常年占比60%以上），但街道基层基础工作人员只有300余人，随着疫情防控、反诈宣导等重点工作的开展，乡镇街道等基层政府承担"上面千条线、下面一根针"的重要工作，传统人力为主的基础工作方式做不到基层"人、房、企、事、物"的"底子清、事项明"，难以在人口普查、疫情防控、反诈宣导等重点工作上满足街道精益治理的需求。因此，当前不能通过老模式老方法，让有限的基层工作人员通过"扫楼、巡街"的方式进行基础信息采集，除了重复消耗人力资源，采集的基础信息也不完整不准确，实效性也不高。需要切实通过数字化赋能给基层一线工作人员"减负增效"，让"机器"做机器擅长的工作，让"人员"做人员该处理的事务。

二、应用内容

钱塘区数字化改革街区全域智治应用系统的主要建设内容包括通过前端实时感

知来源的街道数据仓，持续为街道"数字政府"和"数字社会"两大应用群提供服务：

硬件感知层和数据汇聚层：白杨街道"全域治理"综合应用系统保证街道数据仓的所有数据实时、准确、规范、动态，如图2-23所示。

全域应用层和两掌两端："全域治理"综合应用系统将在"基层党建""数字统战""疫情防控""反诈宣导""食品安全""消防管理""城市管理"上实现街道的"全域"智治。

（一）疫情防控应用模块

白杨街道全域智治平台一期已实现根据不同户籍分类，对每日新进入街道的流动人口进行实时跟踪，可精确到每个小区的流动人口变化情况。二期将对接"城市大脑健康码系统""省疫苗接种系统""卫健委中高风险地区数据""外国人出入境管理系统"，实现通过"一张图"掌握各小区居住人员的"健康码绿码情况"和"疫苗接种情况"，对排名靠后的小区通过"浙政钉白杨小程序"让社区和网格人员加强防疫动员。同时，系统可每天自动生成"高风险地区人员新进流入表"和"外国人新进流入表"，为疫情防控的常态化工作提供"智慧化"支撑，如图2-24所示。

图2-23　白杨街道全域治理平台

图2-24 疫情防控模块

（二）反诈宣导应用模块

通过街道全域智治平台辖区内小区居民的实时数据库及"浙里办"居民端窗口，对增量人群（即外来人口办理小区入住门禁的人群），做到"当日入住，当日宣导"，外来人口在办理居住门禁登记的同时，即可收到当地常见的反诈信息；对存量人群（即已登记入住的辖区居民），结合已有案例的"易骗人群画像"（如高龄独居老人、无业独居女性等），与街道全域智治平台的实时居民数据库进行碰撞比对，将"易骗人群"精准拉出后，通过"白杨钉"派发网格员主动上门，精准宣导，非常时期更要持续关注，从而"数字赋能，精准宣导"，真正快速有效地通过基层数字化遏制反诈高发行为，线上线下联手护好居民"钱袋子"。

（三）食品安全应用模块

依托物联网、AI、大数据、RCS等技术，对餐饮单位厨房所涉及的人、设备、环境进行全过程实时的智能化、规范化、精细化管理，包括餐饮店证照监管、后厨行为规范监管、不合规问题整治流转、油烟系统数据对接、街区食安榜公示等内容。特别针对问题较多的餐饮单位，通过在此类单位厨房区域等直接悬挂安装无线免施工AI摄像头，实时直播后厨情况，街道全域智治平台统一提供后台视频分析算法，可勾选包括"未戴口罩、厨师帽、厨师服行为；不合规后厨留宿；健康证异常状态"等在内的分析模型，实现"人工巡查+感知设备"的双重监察，若发现后厨异常事件，则在白杨街道全域治理综合应用系统平台的食品安管理模块自动形成预警信息，形成工单进行专人预警信息排查。通过汇总一段时间的AI预警，形成日报、周报。后续根据监察情况，表现回归良好的餐饮企业可将"无线免施工AI摄像头"拆除备用，同步更新街区食安榜。为食品监督管理机构提供一套"可视化、智能化、公共化"的数字化管理方式。

（四）消防管理应用模块

为加强对街道辖区内企业的消防管理工作，将在白杨街道全域治理"一张图"中建设微型消防站管理模块，在已有街道全域的社区、网格、小区的业态地图体系上增加"小区微型消防站、小区消控室、定点烟感"等信息，通过与钱塘区消防大数据平台的对接，实现消防控制室远程查岗和火灾信号报警等功能。街道全域智治平台可以查看消控室的基本配备情况和人员24小时在岗情况。系统支持烟感设备在小区地图上标注与显示，平台接收报警信息后，可以点击查看小区地图烟感报警点位位置信息。一旦消控室有警情，街道全域智治平台可以同步立即查看报警点位视频信息，快速、直观了解火警位置的现场情况，同时在地图上直接高亮展示微型消防站的名称、负责人、联系方式和检查情况。确保街道可以第一时间确认、处理消控报警事件，提高基层治理处理能力。

（五）城市管理应用模块

本次城市管理应用模块主要基于前端智能分析摄像头实现"机器换人"的城市管理辅助应用，通过"一看，二算，三用"，以摄像头为"眼"，用人工智能大脑分析数据异常，通过应用场景有效治理闭环。前端抓取，新建138个街道辖区内的城市管理"老大难"点位，接入白杨街道全域智治平台，捕捉各类城市治理问题、事件数据，视频监控每2分钟完成"扫描"，24小时全天候作业。算法识别，采用"云边融合"计算模式分析，将捕捉到的问题细分成店外经营、游摊小贩、占道经营、乱堆物堆料、非机动车、户外广告、暴露垃圾、沿街晾晒、施工占道等城市管理问题进行场景识别。即时流转，结合白杨街道全域智治平台一期"浙政钉白杨小程序"完成闭环交办流转，每个自动发现的问题在经过平台自动分类后，直接派发到基层管理人员"浙政钉白杨小程序"上，实现任务推送、处置、反馈一键完成，建立"扁平化"高效工作机制。

（六）高校就业信息对接

对接数智群团大学生就业码上办系统，共享数据"一张图"。通过街道全域智治平台已有的实时租房信息和流动人口信息，能实时看到通过码上办真正"学在钱塘，留在钱塘"的数据变化情况。

（七）小区业态数据建模

为在小区业态精准实现食品安全应用和消防管理应用的运行，对街道全域智治平台已有的56个智慧小区进行BIM形式建模，便于展示小区沿街餐饮店、小区消控室及烟感分布的大致情况，从而结合智安小区智能设备，进行小区全域"一屏展现"。

三、应用效果

钱塘区数字化改革街区全域智治应用系统聚焦基层政府在社会治理各项工作实际开展中，普遍存在的"基层基础工作难、管理难"问题，白杨街道率先利用数字化全域感知技术，在街道各业态基础信息中，运用"物联网、大数据和人工智能"破解"人力覆盖面大、采集信息频次高"等堵点痛点。2021年1月正式运行后，街道内"人、房、企"等基础信息采集从"100%人力采集"更迭为"90%科技采集，10%人力核查"，目前，街道辖区内272982名人员（不含高校师生）、88709间房屋、15083家企业、18355个设备都已纳入动态采集模式，针对基层治理重点对象（即流动人口和出租房），通过数字赋能实现了"100%信息完整准确、100%信息动态更新"的管理成效，实现将有限的基层人力资源回归到重点工作上来，如图2-25所示。2021年6月，该场景入选浙江省数字化改革应用场景清单，并在浙政钉数智杭州门户正式上线。

钱塘区数字化改革街区全域智治应用系统作为市改革办向市长汇总的杭州10个特色场景之一，并在2021年8月9日的人民网刊登，该场景的主要特色是通过链接全域智能感知设备，精准获取辖区内人、房、车、企、事的动态数据，实现街道基础底数采集工作的"机器化、动态化、精准化"。通过"24小时机器全域感知"采集

"全域智治"为街道基层基础带来的转变

"100%人力采集"向"90%科技采集+10%人员核查"转变

使用前
每人每周定期2-3天扫楼采集，临时任务另加班

使用后
"基本面"让科技自采、"存疑面"让人力核查
更多精力，更多考核放在"精准服务"上

采集信息覆盖率低 ➡ 采集信息覆盖率90%以上
采集信息准确率低 ➡ 采集信息准确率95%以上
采集信息残缺不全 ➡ 采集信息完整度100%
信息更新平均延时高 ➡ 信息更新实时到秒

图2-25　全域智治

的动态基层基础数据，与"小区治理日租房一件事""智养白杨养老一件事""钱塘E客流动人员服务一件事"等场景融合，是杭州市唯一实现1（一体化平台）+5（党政机关整体智治、数字政府、数字经济、数字社会、数字法治）全领域多跨的场景。

第七节　前沿技术助推城市治理现代化

一、无人驾驶技术

（一）技术简介

无人驾驶技术，与传统的车辆驾驶需要人类参与的情况不同，其主要通过车内的车载传感系统，包括相关智能软件及多种感应设备（车载传感器、雷达、GPS以及摄像头等），实现感知车辆周围环境，并根据感知所获得的道路、车辆位置和障碍物信息做出判断，控制车辆的速度和转向，确保车辆能够安全、可靠地在道路上正常行驶。无人驾驶汽车突破了传统的以驾驶员为核心的模式，在一定程度上提高了行车的安全性和稳定性，可以降低交通事故的发生率，并且能够减少尾气排放和能源损耗，具有极高的经济效益和社会效益，是未来智慧城市发展的重要组成部分。

（二）应用场景

1. 基础设施养护。基于网格化的精细化巡查、派遣、处置、监督、考核闭环监管模式与无人驾驶技术相结合，研发无人驾驶巡查车，提升新型基础设施监管水平，保障公共安全。无人驾驶巡查车作为新型基础设施养护监管的载体，服务于监管部门、新型基础设施养护企业，覆盖日常养护监管全流程，通过对新型基础设施进行综合监管和日常巡查，及时了解设施状态、分布以及实时运行情况，实现对现有设施管养维修的精细化管理，为城市运管服平台上报设施状态，以便于及时维护。

2. 运营管理模式。基于无人驾驶技术的巡查车,以全面掌握城市运行状态为目标,着眼于为市民解决生产生活方面存在的问题,构建通信和计算相结合的车联网体系架构,提升实时在线监测系统和大数据分析能力,采集城市运行过程中的信息数据,推动在机场、港口和园区等限定区域开展自动驾驶出行、智能物流等场景的测试示范应用,稳妥发展自动驾驶和车路协同等出行服务,为城市运管服平台提供数据更新服务。

3. 综合城管执法。通过基于无人驾驶技术的巡查车搭载视频识别探头,利用人工智能技术,自动识别垃圾满溢、出店经营等城市管理事件并进行上报,并开展安全风险隐患的排查工作,以科技赋能降低安全风险,实现对各部门的执法检查履职落实情况进行全过程监管,利用大数据分析挖掘技术,构建风险隐患预测模型对风险进行动态监测预警,及时准确发现系统性、区域性、倾向性、苗头性的重大风险问题,实现安全生产风险评估与应急处置。

4. 公众服务。基于无人驾驶技术的巡查车搭载了空气质量检测仪、噪声检测仪等设备,可及时对城市污染事件、噪声事件等进行报警,并将相应的位置信息及结果数据发送至指挥中心,进入城市闭环处置流程,主动发现问题解决问题。

(三)典型案例

自2021年下半年以来,天津市中新天津生态城已经利用以"无人驾驶+AIOT"技术为核心的无人驾驶网格车开展了广泛的道路测试,以及市政公用、市容环卫、交通管理、环境监测和公众服务等方面的应用测试。中新天津生态城的网格车具备完整的L4级自动驾驶能力,能够识别各类城市交通信号和道路标志标线,智能应对各种复杂路况,可在无安全员的条件下自主行驶在城市开放道路,24小时全天候为城市进行"CT扫描",高效发现城市运行问题。无人驾驶网格车能够实时、多维、精准地感知城市正在发生的各类管理和运行问题,有了无人驾驶网格车这个移动的智能载体,开展智慧城市建设、推动城市更新的手段将更加丰富和立体。无人驾驶网格车还能够与CIM平台紧密融合,打通真实场景与虚拟世界的数据交互,为一网统管提供更多沉浸式、多元化的体验。目前,无人驾驶网格车已经能够识别和处理道路破损、暴露垃圾、私搭乱建、人群聚集等数十种城市管理问题,将在智慧城市管理和运行服务中大显身手,为城市"一网统管"提供智能化、物联化的高效支撑,如图2-26所示。

图2-26 中新天津生态城网格化服务管理平台

二、城市信息模型

（一）技术简介

城市信息模型（City Information Modeling，简称CIM）是以建筑信息模型（BIM）、地理信息系统（GIS）、物联网（IOT）等技术为基础，整合城市地上地下、室内室外、历史现状未来多维多尺度空间数据和物联感知数据，构建起三维数字空间的城市信息有机综合体。

城市信息模型基础平台（Basic Platform of City Information Modeling，简称CIM基础平台）是管理和表达城市立体空间、建筑物和基础设施等三维数字模型，支撑城市规划、建设、管理、运行工作的基础性操作平台，可以推动城市物理空间数字化和各领域数据、技术、业务融合，可以推动城市规划建设管理运行服务的信息化、智能化和智慧化，是智慧城市的基础性和关键性信息基础设施，对推动国家治理体系和治理能力现代化具有重要意义。通过CIM技术，可实现城市管理"对象精细仿真"。

（二）应用场景

2020年8月，住房和城乡建设部联合6部委颁布《关于加快推进新型城市基础设施建设的指导意见》，明确了七项重点任务，其中包括"全面推进城市信息模型（CIM）平台建设"。文中明确提出要充分发挥CIM平台的基础支撑作用，在城市体检、城市安全、智能建造、智慧市政、智慧社区、城市运行管理服务以及政务服务、公共卫生、智慧交通等领域深化应用。当前，CIM平台在城市运管服平台中已在以下场景发挥作用。如图2-27所示。

1. 环卫监管。打造环卫精细化监管模式，实现多维度、全方位地分析展示环卫数据，通过构建精细化道路模型，赋能环卫清扫保洁效能提升以及打造"公交化"环卫运营新模式，通过对环卫设施进行精细化三维建模并叠加IOT、视频等数据，可实现垃圾分类的精细化管理。

2. 综合执法。构建执法指挥调度体系，实现对全市综合行政执法资源的可视化管理，实现点对点、扁平化、可视化调度，利用CIM技术，采取"一张图"的方式展示一线人员、执法车辆位置及轨迹等资源信息，让城市综合执法管理者能"看得见、呼得通、调得动"。

3. 城市生命线。通过建立一套城市安全运行体征指标体系，整合和汇聚全市安全运行静态管理和动态监测数据，基于CIM平台构建城市综合风险评估、综合监测预警、综合应急协同处置三大综合应用系统，构建城市生命线综合管理平台，以"一张图"形式呈现城市整体安全运行态势，并实现综合风险精准分析预警以及跨部门、跨区域的城市级突发事件协同处置，提升城市安全辅助决策及应急协同处置水平，如图2-28所示。

4. 燃气监管。基于CIM平台赋能燃气监管：一是基于CIM平台，实现燃气设施、燃气风险隐患、燃气经营企业等信息的一图管控；二是基于CIM平台，实现"能监测、会预警、处置快"的燃气设施安全运行监管；三是基于CIM平台，实现"看

图2-27 城市数字孪生系统

得见、呼得通、调得动"的应急指挥调度能力;四是基于CIM平台,实现"来源可查、去向可追、责任可究"的瓶装液化气全链条安全监管,如图2-29所示;五是基于CIM平台,实现包含燃气政务服务、工程建设审批、便民服务在内的"一网通办"服务。

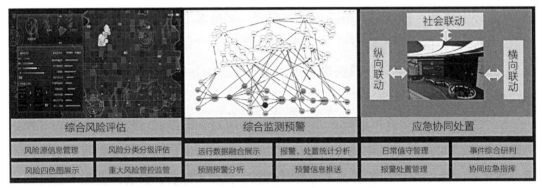

图2-28 城市生命线综合管理平台建设模式

图2-29 燃气监管智能场景

5. 智慧供水。基于CIM平台能力，打造智慧供水监管系统，构建从水源地到水龙头的全链条监测体系，如图2-30所示，主要实现四个方面的提升：一是基础数据管理，依托CIM平台，融合地下各类管网信息，实现二三维一体化，通过供水管网走向的三维预览，真实表达管线的材质、型号、尺寸以及在三维空间中的分布情况；二是状态实时监测，依托CIM平台，对关键管线的压力、流量、漏点声波等进行在线监测，及时发现管道泄漏及泄漏可能导致的地面塌陷等供水安全运行风险隐患；三是风险事前评估，依托CIM平台，建立专业风险评估算法，在泄漏、爆管风险事故发生前，对管网安全运行状况进行评估，指导管道隐患排查、治理、管道修复和日常巡检；四是辅助决策，依托CIM平台，提供管线模拟开挖、管道事故关阀分析、事故应急处置管理及路面塌陷仿真模拟等，为管网事故处置提供治理决策。

6. 智慧排水。基于CIM平台能力，建立三维立体管网分析模型，结合物联网监测数据，实现内涝监测预警分析、入流入渗分析、水量平衡及变化分析、偷排漏排分析等多维度决策分析，为雨污混接点改造、厂网一体化等工程建设提供决策依据和方法。基于CIM平台，建立一套包括应急预案、应急资源、应急处置等在内的应急响应体系，通过对排水管网、泵站、闸阀、排污口、河湖水系的实时监测监控，建立城市内涝等应急情况下的联合调度体系。

7. 道桥监测。基于CIM平台赋能道桥监管，改变以往只能抽象呈现桥梁振弦、沉降、位移等监测信息的粗放式管理，通过构建道桥的精细化三维模型，同时叠加IOT物联感知、视频监控等信息，更真实地还原桥梁实物，更直观地查看桥梁分布与

图2-30　智慧供水监管场景

权属，更形象地关联桥梁的感知化监测与精细化管理信息，达到对桥梁运行状态的精确管理。

8. 工地监管。基于CIM平台打造智慧工地专题场景，通过借助物联网智能监测手段，对工地现场重点危险源和环境进行实时监控预警，动态感知工地机械设备运行轨迹和运行状态，提高工地智能化管理水平。当监控设备发生报警时，自动生成报警信息，通过三维地图可直观看到预警设备的空间信息、预警类型以及预警基础信息，与此同时，借助CIM平台，结合BIM+GIS技术，对工程进度进行三维场景全生命周期还原，实现工地项目管理的可视化、智能化和标准化。

（三）典型案例

重庆市江北区以"新城建"对接"新基建"，推进城市治理基础设施建设，搭建CIM平台强化数字孪生技术在城市治理中的应用，推动实现城市综合管理问题的及时预警、全面发现、精准定位、快速处置、智能跟踪和科学评估。建立区级城市信息模型标准体系，明确建成区CIM1-CIM3级全覆盖、重点区域试点CIM4级模型建设、新建重点区域和重要设施CIM5-CIM6级模型建设的要求，整合多门类基础数据，支撑智慧城市运行数字孪生底座服务，拓展CIM+行业应用、CIM+专题展示，如图2-31所示。

图2-31 重庆江北区城市运行管理数字孪生平台

三、物联网技术

（一）技术简介

物联网（Internet of Things，简称IOT）是指利用各种信息传感设备，如射频识别装置、红外传感器、全球定位系统、激光扫描等种种装置，与互联网结合起来形成一个巨大网络，其目的就是使所有物品都与网络连接在一起，使得识别和管理更加方便。物联网把网络所实现的人与人之间的互联通过技术扩大到了所有事物之间的连通，不但使得现实世界的物品互为连通，而且实现了现实世界（物理空间）与虚拟世界（数字化信息空间）的互联，从而有效地支持人机交互、人与物品之间的交互、人与人之间的社会性交互。总之，物联网是一个"物—物"相连的互联网，是新一代信息技术的重要组成部分。

传感器获得的数据具有实时性，按一定的频率周期性地采集环境信息，不断更新数据。物联网将传感器和智能处理相结合，利用云计算、模式识别等各种智能技术，扩充其应用领域。从传感器获得的海量信息中分析、加工和处理出有意义的数据，以适应不同用户的不同需求，发现新的应用领域和应用模式。通过物联网技术，可实现城市管理"状态实时感知"。

（二）应用场景

通过研发城市管理物联网（IOT）平台，接入市政设施、公用事业、市容环卫等城市管理行业各类感知设备，实现对城市管理对象，以及作业车辆、作业人员的实时感知，其部分应用场景介绍如下：

1. 在移动监管对象管理中的应用。在实际的城市管理过程中，存在着多种类的移动监管的对象，主要包括两类：一类是城市管理者自身的资源，包括人员、车辆、设备等；另一类是管理对象，如可移动的垃圾桶、垃圾车、渣土车等。针对可移位对象及频繁更换对象的有效监管，可充分利用射频识别（RFID）标签定位技术，对合法、合规的监管对象安装可识别的电子标签，并通过GPS/北斗定位设备进行位置监测。徐州市将所有环卫车辆纳入管理，并在包括机械化作业车、垃圾运输车、餐厨垃圾运输车、粪便运输车等在内的作业车辆上安装物联传感器，通过网页和App对机械化作业车辆的实时位置、状态、轨迹、里程、违规情况、质量、车速等信息进行综合监控，对环卫作业人员的位置、轨迹、作业时间等信息进行监管，并根据作业规则自动统计报表，从而实现固废作业全过程实时化、可视化监控及应急指挥调度，如图2-32所示。

2. 在市政井盖管理中的应用。使用物联网传感器实时监测井盖状态，可以及时掌握井盖的状态信息，一旦井盖出现移位、倾斜、破损等异常情况，将通过物联网提

图2-32 徐州市智慧环卫监管平台

醒用户这些井盖的位置以及异常情况，同时通过服务器发出警报通知管理人员，从而最大程度避免伤害与损失。其中，北京市顺义区裕龙三区小区共安装382个井盖传感器，一部分安装在社区周边主干道路上，剩余的装在小区主干道路上。智能井盖由传感器、安全网、警示牌等硬件构成，打开井盖后开口处会自动弹出一个红色危险警示牌，井盖里还安装着防跌落的安全网。一旦井盖发生倾角位移、丢失或损毁，系统会实时报警，报警工单及时发送至呼叫中心，由呼叫中心派单至相关工作人员手机App，及时解决问题，避免发生"井盖吃人"事件。

3. 在排水监管中的应用。通过对排水管网、泵站、闸阀、排污口、河湖水系的实时监测监控及升级改造，建立城市内涝等应急情况下的调度控制体系。同时配合包括应急预案、应急资源、应急处置等在内的应急响应体系，有效应对城市内涝时相应的水系调度和应急调度。如太原市利用物联网、云计算技术，建立监测体系试点，实现对排水管网的实时运行监测，并建立物联网监测云平台，实现对排水管网实时运行工况的数据采集、处理和分析，根据数据分析结果，派单处置运行中的问题，建立常态化运维处置体系，从而实现数据的基层感知；在防汛应急方面，利用现有池渠水系、下穿桥易涝点等物联网设备及视频点位信息，结合人工巡查上报，实现对城市内涝点信息的动态管理，为太原市防汛应急提供重要的信息支持；在决策分析方面，借助大数据分析技术，建立包括基础数据与实时监测数据相结合、静态数据与动态数据相结合、空间数据与属性数据相结合在内的市政业务综合数据库，实现数据的汇聚、分析、展示和应急调度，为领导决策提供依据，如图2-33所示。

第二章 数字时代的数字化转型新趋势

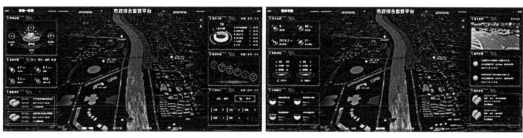

图2-33 太原市政综合监管平台

4. 在桥梁监测中的应用。基于物联网的桥梁结构健康安全监测体系，通过安装的物联网设备采集桥梁的位移、振幅、应力以及桥梁周边的温度、湿度等环境因素，通过物联感知融合平台对检测数据进行汇总，同时基于历史监测数据，设定各个监测指标的阈值，对于超过限值的情况及时发出报警，安排专业养护人员及时进行检修，避免安全事故的发生。宁波市利用物联网技术，对特大桥及特殊结构重点城市桥梁进行24小时集中在线监测，实时采集桥梁安全运行相关的关键结构数据、荷载响应数据以及周边环境数据等，智能"感知"桥梁健康状况，形成巡查、检测、监测一体化的桥梁健康状况综合评价模式。对影响桥梁运行的车船撞击、超载超限等较为突出的安全风险问题，通过车辆动态称重检测、智能图像识别、红外感应、雷达等多源监测新技术，创新开展车辆荷载动态称重检测抓拍、桥梁匝道防倾覆监测以及水上区域防撞预警等智能监测子系统的建设应用，补强设施运行重要安全风险点的专项监管手段，提升安全风险全方位预警防控能力，如图2-34所示。

图2-34 宁波城市桥梁安全监测场景

· 209 ·

5．在环境卫生管理中的应用。依托物联网技术与移动互联网技术，对环卫管理所涉及到的人、车、物、事进行全过程实时管理，合理设计规划环卫管理模式，提升环卫作业质量，降低环卫运营成本，用数字评估和推动垃圾分类管理实效。如在垃圾桶上安装RFID芯片和溢满传感器，与垃圾收运平台相结合，可以实现垃圾自动检测、自动计量、在线溢满报警，从而实时掌握垃圾桶状态，做到垃圾收运日产日清。此外，节油减排增效终端是一款专门应用于环卫车辆的数据采集终端，它具备GPS定位、车辆油量检测、数据上报等功能，可以让管理人员实时监控车辆运行状态、油量消耗情况，从而控制成本，减少财政支出。天津市滨海新区智慧公厕系统通过物联网、传感器、视频监控、移动作业等信息化技术的应用，整合现有资源，创建公厕管理数据库，实现公厕环境、运维等方面的实时监管。通过安装IOT物联感知设备，实时监测公厕运行指标实况，包含安装厕所异味传感器、多气合一传感器、人流监测传感器、一键呼叫、红外感应传感器、引导屏幕等；建设主要包含公厕一张图可视化管理、监测指标管理、运行辅助分析、移动监管考核等。通过大数据分析应用，为实现公厕的智能化应用管理提供数据支撑，实现公厕的环境指标、人流量、厕位状态和其他管理业务数据的自动化采集、统计和分析，为公厕监管者提供精确可靠的科学依据和决策支持，如图2-35所示。

6．在园林绿化管理中的应用。随着物联网技术的不断发展，其在园林养护的精细化、智能化变化过程中起到越来越重要的作用，通过部署在园林中的传感器，时刻感受园林生长环境变化，使园林养护更"智慧"。在养护灌溉方面，基于NB-IOT技术，由传感器采集土壤的温湿度数据，通过网关上传到管理平台，并根据监控的水位

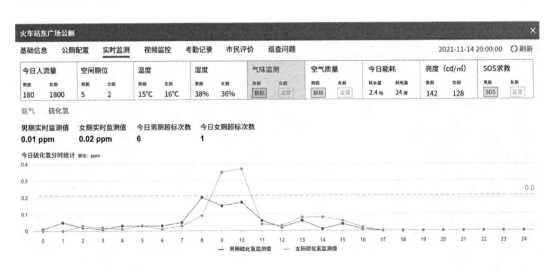

图2-35　滨海新区智慧公厕系统

和土壤湿度数据，实现自动化定时定量灌溉，有效地为园林的养护降低人力成本、节约水资源，实现园林灌溉的自动化管理。针对园林苗木尤其是古树名木的健康状况，例如病虫害、缺肥、缺水等，通过在古树及重点园林的土壤层安装土壤pH探测器、有机质探测器，实时监测土壤环境，及时介入，保障园林健康生长；针对古树名木的生长情况，通过在古树树干上安装倾角传感器，实时监测古树生长状态、倒伏以及被砍伐情况；针对病虫害的侵扰，通过在园林重点区域部署自动虫情测报灯，进行病虫害防治。比如漳州市借助物联网及新技术给古树名木安装物联网传感器，并设定古树预警参数，一旦古树出现抖动、震动、倒伏、移位，传感器立即将信息传递给服务器平台，防止盗伐行为。同时通过物联网设备及时掌握古树名木的生长情况及病害情况，以便第一时间进行预防处置。如图2-36所示。

7. 在工地监管中的应用。物联网技术在工地管理中为管理者提供了工地可视化远程管理系统、设备安全监控管理系统、工程车辆定位系统及人员安全监控系统、工程进度管理系统等，从而帮助政府主管部门规范建筑工地施工作业，保障生命安全，提高政府监管效率。利用传感器、RFID、北斗定位等物联网技术，将移动终端、施工升降机、塔式起重机作业产生的动态情况、工地周围的视频数据、混凝土和渣土车位置、速度信息及时上传到中央处理器进行数据处理分析。数据中心对各子系统进行融合、报警联动等处理。各级管理部门可以及时准确了解工地现场的状况，将有效提高项目管理和现场管理的效率。如图2-37所示。

图2-36　沈阳市智慧园林监管系统

图2-37 中新生态城智慧工地管理平台

8. 在油烟监测中的应用。常规监控由于餐饮企业众多且分散,只能简单地监测油烟净化系统各设备的开关状态,一般只要烟道阀门和风机设备处于开启状态,就判定为油烟排放正常,即所谓的排放达标。而实际过程中,可能会出现烟道阀门和风机处于开启状态,但由于烟道长期不清洗导致排放物仍然超标的情况。为了更加有效地得到监控和排放达标的监控,物联网平台可以通过做饭时间和油烟颗粒度监控值,对烟道不清洁以及净化效果不理想等情况进行提前提醒,以达到更好的油烟治理效果。临沂市通过物联感知监测手段,建立油烟在线监控系统,设定预警告警规则,与业务管理处置端实时互通,做到第一时间感知、第一时间核实、第一时间处置以及长效考核管理。通过该平台,不需要人工干预,出现超标排放时,系统会自动告警,并推送到市城管局、区城管局、中队街道、社区执法人员和经营业主的手机上,打通执法的"最后一米",方便执法人员第一时间查处,同时有效提醒业主迅速整改,大大提高了执法效率,确保了油烟治理工作的长效常态。截至目前,临沂市中心城区1.4万家餐饮服务单位净化设施安装率保持100%,餐饮油烟污染第三方治理试点取得初步成效,2209家重点单位实现在线监控。处理报警案件1318件,处置率达到100%,如图2-38所示。

9. 在停车管理中的应用。综合应用导航、图像识别、RFID、云计算、地感等技术，建设点对点道路停车位实时感知网络。利用公共停车泊位基础数据库，实现停车资源智慧化，使停车管理数据、财务数据自动化、可视化。通过在车位下方安装NB-IOT的地磁+车位状态指示灯，感知车位上是否停有车辆，每当车位状态有更新时，可以通过NB-IOT网络实时上传到后台。同时还可提供车位查询、车位引导、车位预定、反向找车、智能管理等功能，真正让用户有更好的停车体验，提升城市居民满意度，如图2-39所示。

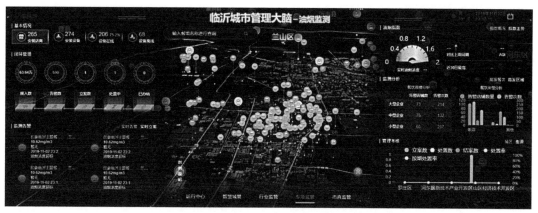

图2-38　临沂城市管理大脑/油烟监测

图2-39　杭州市停车管理